大学通向创业

传媒学子创业案例萃评

University,Paving the Way to Entrepreneurship

卫军英　骆小欢等　著

首都经济贸易大学出版社
Capital University of Economics and Business Press
·北京·

图书在版编目(CIP)数据

大学通向创业:传媒学子创业案例萃评/卫军英,骆小欢等著. —北京:首都经济贸易大学出版社,2016.5

ISBN 978-7-5638-2499-1

Ⅰ.①大… Ⅱ.①卫…②骆… Ⅲ.①大学生—职业选择—高等学校—教材

Ⅳ.①G647.38

中国版本图书馆 CIP 数据核字(2016)第 073870 号

大学生通向创业——传媒学子创业案例萃评
卫军英　骆小欢等　著

责任编辑	众　仁
装帧设计	杭州源正广告有限公司
出版发行	首都经济贸易大学出版社
地　　址	北京市朝阳区红庙(邮编 100026)
电　　话	(010)65976483　65065761　65071505(传真)
网　　址	http://www.sjmcb.com
E－mail	publish@cueb.edu.cn
经　　销	全国新华书店
照　　排	首都经济贸易大学出版社激光照排服务部
印　　刷	北京九州迅驰传媒文化有限公司
开　　本	710 毫米×1000 毫米　1/16
字　　数	298 千字
印　　张	15.5
版　　次	2016 年 5 月第 1 版　2016 年 5 月第 1 次印刷
书　　号	ISBN 978-7-5638-2499-1/G·376
定　　价	60.00 元

大学文化：创业是一种基因

卫军英

再一次通读全书，最初就浮现的问题越来越清晰地叩问我：这是一本什么样的书，该如何界定它所表达的内容，它想传递给读者的是一种什么价值？比之于那些循循善诱的创业教诲，和那些充满励志的心灵鸡汤，这本书究竟具有什么属于自己无可替代的特性呢？

一

记得十多年前，当詹姆斯·柯林斯的《基业长青》风靡全球的时候，我的人生恰好也是刚刚经历了前后十年、在大学和公司之间脚踏两只船几次不算成功的创业，然后在收获许多充实却没有特别留恋的欣慰后，义无反顾地收心到大学讲堂上和专业写作中。那时候，中国企业家们正迷恋柯林斯的著作，不过我却总觉得他关于"基业长青"的理论，对于大多数刚刚走过草创期的中国企业，以及那些为中国企业服务的市场和品牌策划专家而言，膜拜的意义可能要远远大于借鉴的意义。再后来看到时隔六年他提到了麦肯锡的经理人比尔·米汉也曾和我有一样的困惑，后者漫不经心地告诉柯林斯："我们都很喜欢这本书，但遗憾的是这本书毫无用处。"这是因为"你所写的大部分公司自始至终都非常卓越，它们不必将自己从优秀变为卓越的公司。……但是大多数公司都是中途发现自己只是优秀公司而非卓越公司。它们该怎么办呢？"比尔·米汉所说的就是我的直觉，所以正如更有发言权的彼得·德鲁克在推荐其后续之作《从优秀到卓越》时所言：这本书不会使平庸的公司成为优秀的公司。但是，它却会使优秀的公司成为卓越的公司。

然而即便如此，对于大多数刚刚开始创业的公司、那些还来不及谈及优秀更遑论卓越的公司而言，柯林斯的煌煌大作似乎也显得过于奢侈了一些。想到此我豁然开朗，明白了接下来要做的是一项什么工作，我们将把探究的目光从那些充满光环的成功企业身上移开，深入访谈和调研那些年轻的创业企业，那些更具有理想主义憧憬和充满年轻活力的创业者。公司的发展是由小变大的过程，在这个过程中虽然无法脱离各种因素的影响，但是创业者本身却是发展的核心动力所在。当更多的关于公司成长类著作热衷于探讨市场趋势和行业定位、关注融资和各种管理模式的时候，有意无意地就会疏漏掉一个重要环节，即所有这一切都必须附着于具体的人，即那些从一开始就无法推卸创业压力和必须承担失败风险的创业开拓者身上。正如我们喜欢说性格决定命运那样，对于创业型公司而言，大多数情况下创业者的秉性也决定企业的命运。正因为这样，探讨这些创业型的公司、认识创业者本身，似乎比考察公司经营和业务流程更有价值。这也决定了我们的研究不追求数据的罗列和模型的堆积，而是以访谈的形式触及创业者本身，延伸到其人生阅历甚至深入其情感生活。

我们决意从自己的身边开始着手，把我们的学生作为创业案例的研究对象。我是在 2011 年暑假过后执教浙江大学城市学院的，随之又负责传媒与人文学院的工作，从那时起就开始关注本学院大学生创业现象。而这次一起主持此事的骆小欢老师，则是在浙江大学城市学院创建传媒学科不久，便从浙江大学本部转入广告学专业担任教职，所以他对这些学生的熟悉程度要远远超过我。大约在 2014 年年底，我把欲做大学创业案例研究的想法告诉了小欢，他与我一样对此充满热情。虽然没有小欢那样熟悉各位创业学子，但当年浙江大学初创城市学院的时候，我作为浙江大学广告学教研室的负责人也是最早的授课老师，那时的直觉以及后来的切身感受，也大致生成一个明晰的印象：浙江大学城市学院定位于创新创业应用型学院，在其逐渐形成的大学文化中，具有一种天然基因般的创业禀赋。这种大学文化的形成，除了与它生长的历史时代、社会环境、区域文化和母体特征息息相关外，更重要的是有赖于构成这所大学的具有实践特征的师生群体,尤其是那些数量可观的自小便浸淫于公司竞争,即便家里做一点个体生意也不乏巧于经营的学子。

创业是一种基因。从这个意义上说,这本剖析大学生创业案例的书,不仅是对大学创业文化的梳理,也是对创业公司生命基因的考察。显然,这种创业的基因并不仅仅来自单纯意义上的家族遗传,也不是通常高校创业教科书里灌输式说教的产物,而是由社会、家庭、学生个人禀赋、学校历史和校园文化融汇而成的一种文化基因。牛津大学著名进化思想家理查德·道金斯(Richar Dawkins)称这种承载文化基因的元信息遗传为“觅母”(meme)现象,即它并不需要有什么特定的单一的存档介质,但是却可以在不同的个体之间得到遗传记录和信息复制,不论它出现在哪种介质中,其作为信息元的觅母总是相同的。如果说在本书“创二代”郎赢旻身上,从他借船出海在更高层面上所铺展开的创业景象中,我们还可以看到财富家族直接或者间接的传承影响的话，那么自认为与生俱来就有创业基因的许欣儿说“创业是一种病”,则是对个体因素和文化基因的一种确认。正因为这样,我们就很容易理解,许欣儿和他的同学姚炜、郎景云,这三个性格与行为方式判然分明的人,会不约而同地集合在 Think Park 平台上,因为他们在无形中有一种融合互通的创业基因,如果要进一步概括,那就是潜伏在体内的对创新的渴望和对创业的不屈不挠的追求。而所有这些,我们都将归之于创业文化,这是浙江大学城市学院在发展中积淀而成的特色文化。

二

我对大学生创业和校园创业文化的思考,大约始于 2012 年。那时我谋划建立了一个文化创意产学研结合的共享性网络平台,并试图以此建构属于我们传媒学院自己的品牌。出于应用型培养目标和专业特色需要,我曾多次对学院的学生强调我们的培养特征,记得某次在广告“学院奖”和“大创节”的启动仪式上,我用“四个创”概括我们的学科和专业特征:创新、创意、创造、创业。适逢“大众创业、万众创新”的大背景,大概半年多之后欣喜地看到有报道说:李克强总理在拥有 2 600 年历史的法国马赛,与当地十几位各界杰出人士进行了一场以“创新、创意、创造、创业”为主题的交流。如果说我当初的表述还带有专业和修辞的需要，那么总理的表述一定意义上则是对一种趋势的揭示。毫无疑问，浙江大学作为应用型高校，自然责无旁贷地担荷了培育创业能力的责任。

大学通向创业。当许多人还迷惑于大学生创业是否可取，甚至指责这无异于引导孩子们在狂热和狂欢中忘却坠入低谷的失败和让他们过早面对代价惨痛的风险时，我们依然坚信对于我们这样的学校和我们这样的专业，创业教育是一种充满创新和创意价值的高校育人和学生培养方法，这点我们欣喜地在本书中已经看到。家在杭州远赴岭南创业的留芳，本科毕业之后进入我所在的浙江大学传播研究所继续攻读硕士学位。记得那时候她就有一种创业的冲动，虽然在中央电视台的“挑战经理人”栏目中脱颖而出，但她最终却放弃了做一名公司高管的职业选择。在经过多次艰辛的磨难之后，她如诗如花般美丽绽放。对此，跟她一样巾帼红颜却不乏理想情操的叶萍萍进一步给予诠释。这个曾经在阿里巴巴创造不俗业绩，却等不及阿里巴巴上市便投身创业的女子，在接受访谈前不久，刚刚完成公司A轮融资，而她的公司估值4个亿。她回忆道，在大学参加创业班社团活动时，就知道自己今后一定会去创业。具有“理想主义务实情怀”的叶萍萍认为，创业就是一个寻找人生价值和意义的过程。她告诉我们，创业的真正价值并不完全在于财富，而在于创造中的自我实现和精神的自由。正是在这个意义上，我们倡导的大学创业文化，其内核已经超越了简单的企业创办和公司经营，而是对一种创新创意思维的强化，是人生追求的一种价值性展示形态。

创业可以实现梦想。中国最成功的创业者马云调侃道：“人总要有一些梦想，万一实现了呢。”他说出了一个真理。不简单地把创业定位于财富的追求，这是对所有创业理想的一种价值考量，国有梦而人恒有其梦，任何没有梦想的人生都不是丰满的人生。所以林凯和余晓杰在毕业几年之后能够一拍即合，共赴创业之路，促成他们在创业之路上互相激励的，是共同的梦想。梦想是希望和愿景的烛光，哪怕刚刚起步，哪怕只有两个人，也可以做到最好，也可以赢得信任，也可以为团队带来成功的自信与快乐的氛围。这种梦想特质体现在李柯的身上，便是把自己的兴趣爱好不断放大。大学四年热衷于社团，热衷于篮球，但他却不觉得打篮球就是玩物丧志，而是把篮球梦延伸到对体育品牌的热爱上。他总觉得梦想对自己而言，是一种具有魔性的驱动力，仿佛永远在遥不可及中向你招手示意。梦想的大小则是做事情的上限，大多数情况下人不会达到梦想，但是却会产生接近梦想的动力源泉。李柯的梦想是如NIKE般成就自己的体育品牌，他的故事也在一定程度上诠释了一个创业者融入品牌的完整过程。必须赋予品牌以生命感，而只有品牌超越了冷冰冰的“物”的形态时，它才具有鲜活的生命元素，而这种生命元素与其说是文化，倒不如说是人们梦想的一种精神呈现。在这里，创业所承载的已经不仅仅是个体的梦想，也是人类集体有意识和集体无意识冥冥契合的共同精神寄寓，是超越狭隘存在的社会合作与对话交流。

创业可以超越狭隘。创业不仅仅是个体行为，因此对于创业者而言，超越个体的合作意识就显得超乎常人，只有从狭隘的自我追求中走出，才有望走向共赢，而共享在今天的网络信息时代显得更为重要。社会合作、团队精神、共享共赢、对话交流，这一切似乎都是网络时代创业者必须具备的专业特质。我们欣喜地看到，在本书所采集的案例中，有不少令人赞叹的精彩合作。广告学专业的刘畅经过毕业后的几年磨炼，从初次创业到再创业，直到后来决意和几个伙伴一起成立自己的“开门见山”。他很清楚对于传统的广告行业来说，30来个人1 000多万元的营业额应该是利润的黄金区，所以他说：“我们也不愿意做得太大。”但他却明白，这个公司不只是自己4个合伙人的公司，也是公司其他20多个伙伴的未来。同样毕业于广告学专业的他的师兄范磊明，错过了传统广告的黄金时代，却敏锐地跳上了数字广告的早班车，拉住了程清和刘翔两位同学，如同摩尔定理那样迅速开始了自己的蝶变，仅仅两年多时间，这个当初挤在传媒学院实验室的创业小分队，便跻身中国广告创作实力50强之列。在这两个不同风格的广告创业模式中，我们发现了某种令人惊奇的共性。在谈到创业基因和创业梦想的时候，我们都曾提及创业具有极大的个性化因素，也需要某种自然的禀赋，但是在社会化合作越来越被倚重的网络信息时代，是否能够在更大程度上超越狭隘的自我，同样还意味着是否具有分享精神和对共同使命的担荷。

三

在本书中，我们选取了12个从大学走向创业的案例，出于专业的原因，这些案例样本都来自浙江大学城市学院传媒与人文学院。也是因为学科特点和专业性质，这些创业样本基本上都归属于文化创意产业，它再一次印证了不仅大学文化能培育创业的基因，而且大学教育还可以引导创业中的行业趋向。即便是在一些基于十足传统产业的创业公司中，也可以看到文化创意融入其间的创新特质。

本书中的吴晓烽在苏州经营他的家具公司。家具业是一个历史悠久的传统行业，而吴晓烽却把从广告学专业学来的创意精神贯注到看似纯粹的木料加工上。用他的话说，自己经历的是一个没有彩排的人生，但是他努力的结果却分明令木头开出了绚烂的花。专业知识的陶冶，让他把自己事业的发展指向了家具行业与网络信息技术的结合：家具行业的电子商务。无独有偶，另一个在传统行业展开创意天赋的顾跃军，当初是以美术类全省高考第二名的成绩进入浙江大学城市学院的。他原本想学画做艺术家，甚至还开办过绘画培训班，可是在家族企业的召唤和创业文化的推动下，却在他的公司里推动了紧固件加工的全新创业。"紧固件"这个文绉绉的名字翻成大白话就是"螺丝钉"，热衷于绘画的顾跃军成了一个做螺丝钉的商人。但就在这个传统得不能再传统的行业里，顾跃军却舒展开文化创意的羽翼，他不但大胆注入创意元素，试图尝试让原本不起眼的螺丝钉变成千姿百态的装饰品和艺术品，而且还把网络和电子商务延伸到整个营销与客户管理之中。事实上，创新并不在于挖空心思可着劲儿挤入那些时髦的新兴产业，创新的实质乃在于从日常生活中发现新的欲望需求，并能够以创造性的模式对此加以适应和满足。

书中特意穿插了两个大学生在校创业的案例。记得当初在我讲授整合营销传播或者企业文化课程时，刚入大三上学期的李强强在我提问时还有点腼腆。他在读期间创办的网络公司就在学院的实验室里，公司的员工也就是他的几个学弟学妹。课堂上我会和他讨论一番公司的经营，课下偶尔相遇我也会问问他创业的情况。在学生创业的初级阶段，我们一直都以自己的方式努力为其创造条件，诸如提供一些场地以及其他方面的支持。校园里的创业公司，都带有明显的学子气质，老板是在校生，公司员工是在校生，甚至公司也成了学生毕业的就业选择。久而久之这种在校创业就成了校园中的一道风景、一种常态，课上课下人前人后，那个创业的同学和大家一起上课、吃饭、运动、考试……文化也就是这样在无声无息中蔓延。记得张越启程他的"中国好学长"之际，还经常在微信上和我进行交流，好多次对我发出邀约："老师，我可以请您喝杯咖啡吗？"遗憾的是，忙于杂务的我竟然没有时间去他的咖啡吧。后来我们在微信上的交集越来越少。当终于有一天我安排一批老师到他的咖啡吧座谈时，管店的学生却告诉我们："张总不知道飞哪里去了，现在这里已经很少看到他。"我明白他的生意已经铺展得更大，创业的半径延伸得更远。

这些创业大学生虽然来自传媒学院的不同专业，但他们大都集中在营销传播学系的广告学专业和会展经济管理专业。这勾起了我对一段往事的回忆。那是在即将进入新千年的时候，浙江大学广告学专业第一届本科生即将毕业，那时候大学还残留着毕业生统一分配的印迹。由于传媒行业资源相对丰富，本学院的另外两个专业新闻学和广播电视新闻学的毕业生，都以能分配进入带有行政性质事业单位的传媒机构而骄傲，唯独广告学专业的毕业生必须自己出去找工作谋职业。教研室的同事对我说："广告学专业的同学有情绪，你去跟大家讲点什么吧。"当天发生的事我记得很清楚。那天下午全班30多个同学坐在教室里，他们都朝我望着，我挥了挥左手上的手机问他们："你们知道本学院第一部大哥大是哪个教研室老师的吗？知道第二部第三部又是哪个教研室老师的吗？"不等同学回应我便自问自答："告诉你们吧，都是广告专业老师的。"那时候在不少人眼中我的形象似乎并不好，每天开着部车子拎着手机，从马路南边的小区穿越马路到北边的学校来上班，想来那时候这种形象大概很对不起"大学老师"这一光荣称号。但我仍很自信地对我的学生们说："市场化是中国社会发展的趋势，虽然我们广告专业不像新闻专业和广电专业那样，有很多分配和推荐的机会，但是广告专业的同学应该庆幸，因为我们是率先走向市场，率先以自己的策划创意能力而获得认同，所以也是更加具有把握自己命运实现自我价值的人。”

直到今天，我仍旧认同这一见解。因为在传统的传媒学院中，营销策划类专业在思维和训练方法上，更加侧重于对市场和社会的适应性，而这些专业的课程内容本身，尤其是策划创意更加倚重于创新和创造性思维，这必然造就它的学生具有某种“另类”色彩。这一点在本书所选的每一个案例中，几乎都可以得到证明。这也启示我们在培养创新、创业、应用型人才的过程中，如何通过产学结合和实践类课程，激发和培养学生独立的自我创造能力。在这里，所谓创业教育和创业文化，并不是说要每个大学生都去自办公司，自谋职业，而是通过大学的训练培养一种创业思维，并借助于这种思维激发学生的创新创意天赋和独立自主精神，培养其勇于承担责任和敢于担当风险的意识，引导其将自我价值实现与团队合作思想相结合，寓崇高的使命感于平凡的务实力之中，从而创造乐观丰盈、梦想进取的未来人生。

本书的编写交集了三种视角，分别来自创业者的陈述、有组织的访谈以及每个案例的点评。虽然这些案例未必就是大学生创业成功的典范，但我们可以自信地宣称：这些案例正是大学生创业的真实写照。更何况这些年轻的创业者，在短短几年的创业经历中，都不止一次地经历过成功的喜悦和失败的苦涩，而所有这些经历均已转化为命运赐予他们的永久财富。早在20多年前，以研究创业公司而享誉世界的哈佛商学院教授约翰·文图拉，在经过对61 209家创业公司进行考察之后得出一个数据：只有不足20%的创业公司，其寿命能够持续到10年以上。看上去这个结果有点残酷，然而对于每个年轻的大学生创业者来说，一切又恰如当年也同样年轻的马云那样，失败也往往孕育着另一种新生。所以我坚信不论未来有多少磨难，已经催生的创业文化将会持续绽放出绚丽之花。为了延续创业文化，也为了展现更加年轻一代95后大学生的视角，我们有意安排了本学院2013级不同专业的12位同学进行访谈，他们分别是：郑诗婷、应悦、王慧敏、尹琪慧、龚钖烊、鲍雨、王迎、朱怡、陈德慧、许思哲、姚洁、陈露忆。传媒与人文学院党委书记张兰欣老师、副院长张健康教授以及学院学工办主任王柳映老师,也参与了组织和案例点评工作。我们期望通过专业交叉和前后濡染,经过学院和老师的有意识强化,在项目调研中不断延续这种创业文化。值得欣慰的是,这部访谈式调研成果结集完成之际,首都经济贸易大学出版社杨玲总编欣允出版该书,我们在感谢已获管理科学博士学位的杨玲编审独具慧眼之余,也欣喜地发现该书的气质与经济贸易类大学的色调竟如此吻合。这无疑有助于创业教育的推进和创业文化的弘扬,我们坚信这只是一个开始。

卫军英

序于2016年春节

传播学教授、文学博士,整合营销传播研究专家

浙江大学新闻传播学科(文化产业学专业)博士生导师

浙江大学城市学院传媒与人文学科带头人

传播与杭州文化创新研究中心(社科重点研究基地)首席专家

目 录

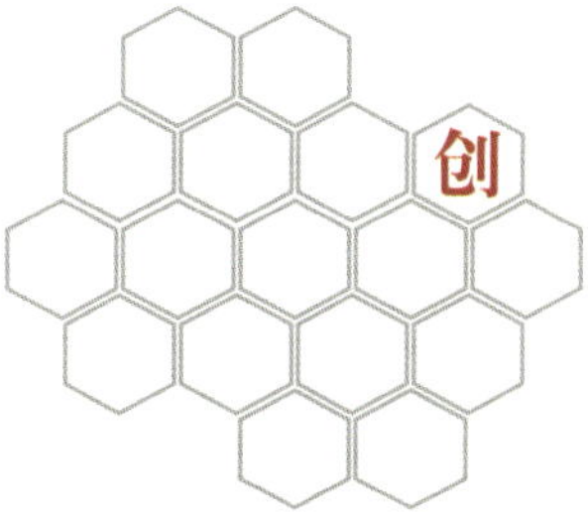
创

杭州若美文化策划有限公司
合伙人
林凯　余晓杰

志同者，道相近
——我的校友，我的创业路

林　凯

我于2001年至2005年就读于浙江大学城市学院广告学专业，获浙江大学文学学士学位。ZUCC，一所开放的象牙塔，一个求知的乐园。在这里，我和我的同学们汲取养分，实践自我，收获友谊。

不同于很多校园创业者，我毕业后是从一名传统的上班族做起的。受益于大学时期社团工作的经历和看似还算成熟的人际交往能力，我一开始就能够随同公司高层转战多个领域，涉足房产开发、生物科技等多个行业。

年轻的浮躁也让我滋生出很多不切实际的职业设想，好高骛远的职业选择让我在短短三年时间内拥有为多家公司服务的经历。

浮华过后，没有遵循“换岗不换行，换行不换岗”这一“定律”的我，才发觉自己就像个职场的初生儿，拥有的只是若有若无的社会资源，没有任何竞争力。

痛定思痛，我开始了自己创业的旅程。

草莽期，三个臭皮匠，顶个大皮匠

创业初期，生存是唯一的目标。

我拉上一位挚友开始了自己的创业之路。

锐堂传播，一家小到开会都需要借地方的公司，硬是凭着出色的创意赢下了杭州 JW 万豪酒店的开业庆典，随后拿下了千岛湖希尔顿酒店的开业典礼。

其间，我更是忽悠来了自己大学的隔壁班同学余晓杰，开始了三个臭皮匠的创业之路。

随着业务的多样化以及客户的积累，我们慢慢发现自身的专业性以及供应的专业程度均出现“瓶颈”，都面临着进一步提升的必要。所以，我们开始寻找壮大自我的途径，我想带领团队进入更大的合作平台。

成长期，每一次考验都是一次学习

“分手，是为了彼此更好的发展。”带着这句略显歉意的话语，我告别创业挚友，和余晓杰带着同事一起进入烟火公关的平台。

烟火公关，集聚了一批超过 10 年从业经验的专业资深人士，以“公众营销，创造整合”为核心理念，提供策略化、体系化的公共传播服务。

经过多年的团队运营，在部分领域建立了自己独特的优势和稳固的品牌形象。

烟火公关的客户涵盖面很广，包括以绿城、滨江为代表的房地产行业和以劳斯莱斯、宾利为代表的高端汽车行业，并对家居、通信、金融、服装、IT、酒店、教育等行业都有所涉猎。

正像烟火公关的口号一样：做不一样的烟火。作为值得信赖的公关专家，平台发展的速度非常之快。我们在加盟合作之后，很快融入整个团队。

刚开始，公司的数据库资源、规范的供应商管理、成本管控、客户管理等，对我们而言都是很好的学习模式。渐渐地，我们也掌握了一些成熟活动的经验，拥有实力强大的供应商资源，对于各种产品说明会、新品发布会、客户答谢、企业年会、大型公众活动、群星演唱会等项目也是应付自如。

但是随着移动互联网的出现，自媒体、数字营销席卷着我们的生活，线下活动竞争白热化，公关活动执行公司的门槛越来越低，我们发现烟火公关的模式也有一定的局限性，我们开始重新思考，重新定位，寻求再次创业的可能性。

再出发，为了更美好的明天

如今，我们创造了若美这个平台，它集合视觉传达、公关活动(PR)、数字营销三大服务模块。通过它，我们希望搭建各优质品牌面向城市人群的综合传播平台。

我们希望实现“创意引领方向，技术实现梦想”的企业理念。

我们始终认为，完善的品牌传播计划需要以 360° 策略化、体系化、可执行性的公共传播服务架构为基础，同时加入我们的独特创意和前沿技术，实现传播效果的最大化。

回首毕业后的创业道路，我才明白人生有两所大学，一所有围墙，一所没有。

在没有围墙的社会大学里，大学时期获得的友谊往往成为支撑我们社会关系的原始起点。

同学情，永远是人生宝贵的财富。

我不知会遇见你

余晓杰

从浙江大学城市学院毕业后的路已经走了十年，看着朋友圈里的毕业照、军训照，以及校园的各种照片，仿佛一切就发生在昨天。匆匆十年，转瞬即逝，说长也不长，说短也不短，细细回想，还是经历了很多。有过成长，有过失败，有过激情，有过感动……但似乎还没有成功，创业的路上，我们一直在努力。

曾经什么都不是

刚毕业时方向很多，职场的道路千千万，关键是要做出一个选择。开始的四年凭借在学校掌握的专业知识与技能，觉得有很多可以选择的路，后来发现这其实是定位模糊。与专业搭边的职位基本上都试过，文案、企划、品牌代表，甚至设计，从事的行业包括快速消费品领域、文化娱乐行业、会展行业，也开过淘宝店、经营过奶茶店等。其中，从事会展业是误打误撞。会展业是我当时从事时间最长的一个行业，从业期间我用自己的努力赢得了领导的信任，参与了很多，看到了很多，收获了很多宝贵的经验。

关于努力，最近看到有本书上讲得挺好，在此与大家分享。现实生活中很多的努力只是看起来很努力，“看起来每天熬夜，却只是拿着手机点了无数个赞；看起来那么早去上课，却只是在课堂里补昨天晚上的觉；看起来在图书馆坐了一天，却真的只是坐了一天；看起来去了健身房，却只是在和帅哥、美女搭讪”。

真正的努力很重要，努力的方向更重要，不然只能是虚度，到头来什么都不是。

梦开始的地方

锐堂，是我们合作开始的地方。

2011 年从上海回到杭州，当时还没有想到创业，只是想先落个脚，安定下来。后来了解到林凯他们开的公司就在我家附近，可以说是机缘巧合，同学好多年没见，大家坐下来聊了几次，感觉他们现在做的事跟我原来从事的会展方面的工作有很强的契合度，是个不错的发展方向。感觉很重要(出于对自身定位的清楚认知以及对同伴的信任)，于是一拍即合，我们就开干了。

虽然工作的条件比较一般，对于行业的了解也是刚刚开始，凭借着满腔的热情和无畏无惧的精神，到手的项目我们都竭尽全力地去完成，大家常常通宵达旦地创作与搭建，有惊有喜，所有人都乐在其中。

现在想来，很多项目真的是不可思议，撑过来你就赢了。很多光鲜亮丽的背后，是你所看不到的摸爬滚打与坚持。这也让我想到晓松老师的一段话，跟这个情境挺像：“历史不是镜子，历史是精子，牺牲亿万才有一个活到今天；人生不是故事，人生是事故，摸爬滚打才不负功名尘土。”

和睦路 2 号，锐堂传播，梦开始的地方。

理想丰满，只要生长

随着公司的发展，我们开始思考如何让自己的羽翼更加丰满，如何寻找更好的土壤让我们生长。

2012 年 9 月，在林凯的带领下，我们加入一个新的平台——烟火公关，一个经验丰富的团队，拥有系统的成本管控、供应商资源调配和客户关系管理，执行能力强，同时也是一个非常融洽的团队。

这里仅仅谈一下个人融入这个团队的一些感悟，除了以上提到的数据管理外，公司采用项目经理制，即项目经理从前期的沟通到方案创意、文案策划、落地执行等每一个环节都要涉及，所以这里值得我们学习的东西很多。在这一整套规范化的体系运作下，我们渐渐掌握了规范化的活动流程，开始适应各种活动类型，不管是客户答谢会，还是产品发布会；小到游园活动，大到演唱会等，都能应付自如。

在这两年里，过手的项目相当多，从云栖玫瑰园的产品发布会到蘑菇街的周年庆典，这个过程既是野蛮生长的过程，也是不断试错的过程。在我看来，只有错过才会印象深刻，只有错过才会有成长，所以我觉得现在的年轻人也应该有试错的机会，谁也不是生来就会，放手去做吧。

诚然，这是我们成长最快的一个阶段，同时也是行业竞争开始白热化的阶段。由于行业进入门槛低，越来越趋于同质化竞争。在社交网络盛行的当下，在移动互联网、大数据、O2O 等术语充斥的时代，我们开始寻找新的方向。

新的征程

2015 年，是一个特殊的年份，我们这一届毕业十周年。

这一年，我们创建了新的平台——若美文化，这是一个适应社交网络盛行、大数据时代的创业平台，我们希望在传统公关活动业务的基础上，通过各种资源的整合，拓展新的发展方向。

转型，这个词在一段时间内很流行，我们也要一改高级搬运工的形象，实现创业平台的转型和再生长。

若美文化，是一个年轻、活跃的团队。有共同的目标，又个性鲜明；有跳跃的思维，也有稳健的执行；有专业的做派，也有瞬间的轻浮；有成功的喜悦，也有失利后的坦然。套用一句流行的广告语，我们的团队有点漂亮得不像实力派。

大家秉承“上善若水，至美厉行”的企业文化图腾，努力地实现自我价值，与公司共同成长。经过近一年的整合发展，我们的业务已经从传统的公关活动领域拓展到了移动互联网板块，初步形成公关活动、视觉传达、数字营销并驾齐驱之势。

当然这只是刚刚开始，2016 年，任重而道远！

回顾这十年走过的路，遇见很多人、很多事，我不知会遇见你。

心路历程，个人感觉有两个词体会颇深：专注、思路。

毛泽东曾说过，凡事就怕“认真”二字。在这个浮躁的社会，我们不能只是看上去很努力，我们应该沉下心，我们需要专注的工匠精神，专注友情，专注爱情，专注亲情，专注事情，然后等待时间的检验。

俗话说，思路决定出路。什么是思路，不用深究。但是我们需要拓宽自己的思路，不断更新自己的思维，衍生出更多解决问题的方法。方法有了，问题解决了，出路自然就有了。

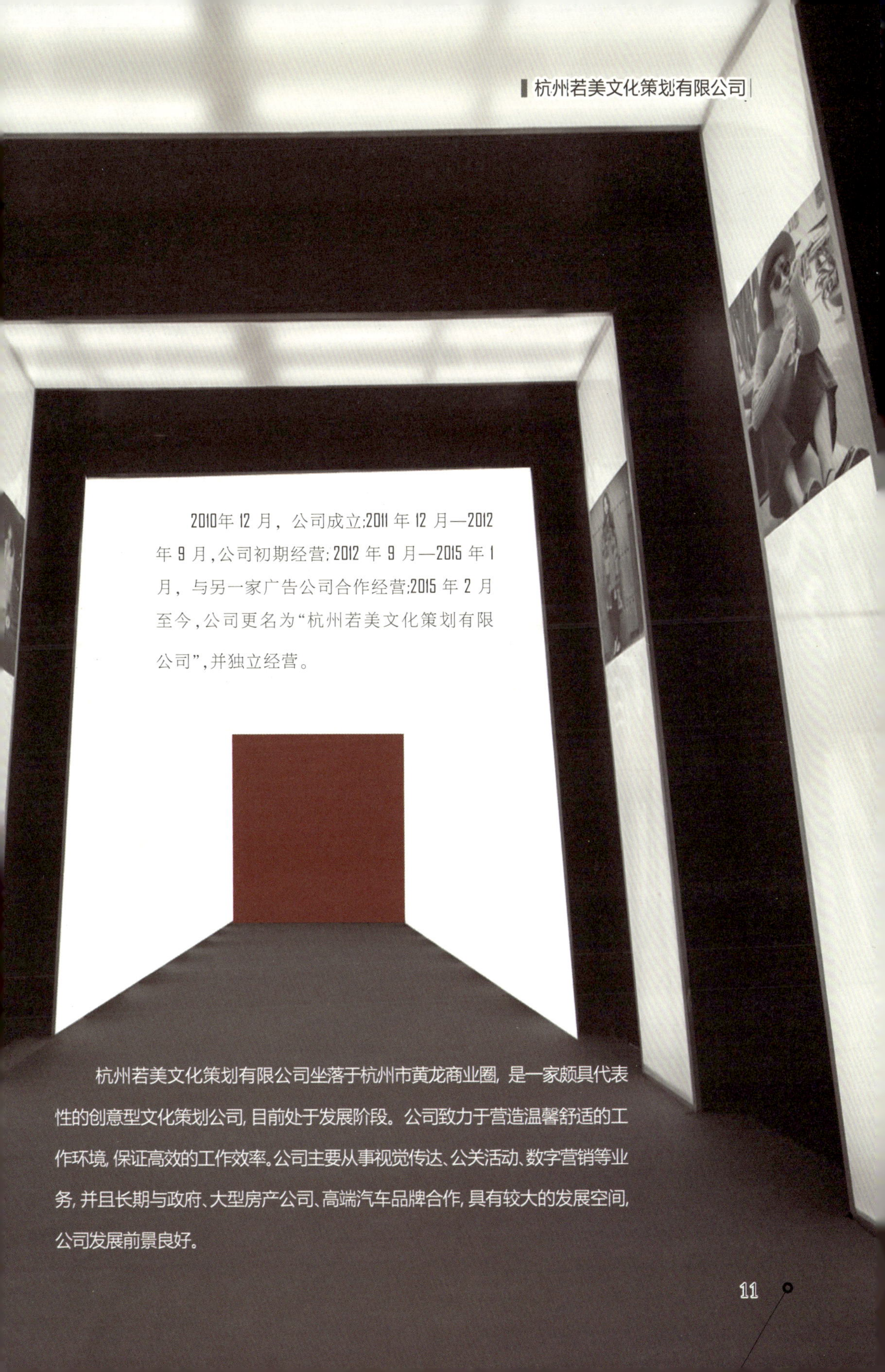

2010年12月，公司成立;2011年12月—2012年9月,公司初期经营;2012年9月—2015年1月，与另一家广告公司合作经营;2015年2月至今,公司更名为“杭州若美文化策划有限公司”,并独立经营。

杭州若美文化策划有限公司坐落于杭州市黄龙商业圈，是一家颇具代表性的创意型文化策划公司，目前处于发展阶段。公司致力于营造温馨舒适的工作环境，保证高效的工作效率。公司主要从事视觉传达、公关活动、数字营销等业务，并且长期与政府、大型房产公司、高端汽车品牌合作，具有较大的发展空间，公司发展前景良好。

若美文化 典型案例

杭州凯悦十周年慈善晚宴

刚接到参与此项目的竞标邀请函时，我们是犹豫的，因为凯悦慈善晚宴的承办水准历来非常之高。前期得到的消息更是印证了参与本项目的艰巨性，有台湾和上海的公司参与了本次项目的竞争。

对于杭州这座城市来说，凯悦酒店将慈善晚宴这一概念引入西子湖畔，影响了越来越多的有识之士参与其中。从某种意义上来说，凯悦酒店十年慈善史，就是杭州高端社交活动的演进史。

而且，今年酒店方还特意邀请了黄小琥等台湾艺人前来献唱，阵容不可谓不强大。

强敌面前，绝不退却，迎击才是我们的风格。对于创意行业来说，如何寻找到一个既让人拍案叫绝，又实施完美无瑕的创意点，是一个完整流程的开端。我们没有急于召开头脑风暴会，而是一群人沿着凯悦酒店步行至断桥，继而登上了宝石山。在纯真年代书吧，我们开始了激烈的讨论……

“西湖上空的云”，我们找到了这个出发的创意原点。继而，是通宵达旦的创作、讨论，再创作、再讨论。历经三天的高强度工作，我们完成了整套设计方案并向酒店正式提交。

等待的过程是漫长的，最终的结果是开心的，我们最终拿下了这个项目。在经历一个多月的紧张筹备后，最终进入实施环节。那一夜，杭州凯悦酒店收获史上最高的慈善捐助额，我们则收获了满满的幸福。

劳斯莱斯裸心谷自驾之旅

和劳斯莱斯品牌的合作，已经在我们团队延续了三年之久。从初期的好奇到后来的深度了解，从对品牌的理解到对品牌用户习惯的认知，我们都慢慢了然于胸。

当接到策划执行劳斯莱斯车主裸心谷自驾游项目的任务时，我们最为担心的是如此众多的豪车怎么在安全的前提下让驾驶者享受旅途的乐趣。于是，有了三上莫干山，有了以脚为尺，有了模拟车队演练。一切的一切，只是为了实现品牌所赋予的内涵。

为了给参与的车主留下最美好的回忆，我们调用了多机位拍摄记录手法，经过后期的精心剪辑，给每位来宾呈现了别样的精彩。

蘑菇街周年庆

蘑菇街,国内领先的专注于女性电子商务消费的网站,将一场大秀的英雄帖发给了杭州主流公关机构。

接下了邀约,意味着要参与到一场智力与体力的角逐中。经过几轮头脑风暴,我们带着一个概念化的“more”方案向客户解读了我们眼中的蘑菇街和一场定制化的公关大戏。功夫不负有心人,我们在方案竞标中顺利胜出,正式进入执行环节。

可以说,蘑菇街是我们遇到的客户中最具有活力的一家,也是对整体活动表现最为严苛的一家。为了一台90分钟的晚会,双方进行了为期一个月的排练。我们选派了经验最为丰富的指导老师,为每一个参演的员工量身定做表现方式。最后,在那充满梦想的空间里,我们完成了一场大秀。一个多月的汗水换来一个难忘的夜晚,这也许就是这个行业的魅力所在。

创业寒冬中绽放的雪梅

王慧敏

常言道,“宝剑锋从磨砺出,梅花香自苦寒来”。若是没有经历那一番辛酸苦辣,成功的果实或许不会那么香甜。就像品尝一杯咖啡,开始必然是苦涩的,但当你尝透了那种苦感之后,就会品到苦尽甘来的甜。那种甜,是直接品尝一块糖无法比拟的。

创业就像咖啡,先苦后甜。在创业中所遇到的艰辛苦楚远远比想象中多得多。倘若选择创业,那便意味着选择了做一枝傲立于严冬的雪梅,迎着冬日的飘雪绽放。若是不信,那便来听听他们的故事吧。

梦的开始

创业,本身就是一个挑战与机遇并存、成功与风险同在的艰难选择。许许多多的人在面对毕业去向的抉择时,大都害怕它的辛辣而对它避之不及。而林凯在毕业之际,却做出了与多数人不同且艰难的选择——创业。

当问到最早萌生创业想法的原因时,他微微一笑,露出了脸颊两侧可爱的酒窝,然后将最初的想法娓娓道来:“大概就是骨子里不安分的劲头吧。就像当初填志愿选了广告学专业,这本身就是一个不安分的专业。也是因为骨子里的不安分,才使得我选择创业。”顿了一下,他又小声地接着说道:“其实也想向女朋友和家人证明一些什么……而且那时候,家里人对我的想法十分放任,觉得无所谓,只要我喜欢就好。然而,毕业实习回来之后,这种创业的冲动强烈起来,经历过了实习,发现外面的世界与校园生活不同,比起校园,社会更加丰富多彩,骨子里的不安分彻底被激发了。”

从2010年年底到现在，林凯的创业经历了许多挫折和失败，创业之路异常艰苦，磕磕碰碰走了好几年，但是他心中的信念却在这一路艰辛中越发清晰。他说："最开始的时候想着，创业失败就去上班，来来回回也折腾了很久，因为实在是太过于迷茫。在反复的摇摆之后，经过一番斟酌，还是觉得创业比较适合自己。于是，我毅然走在创业之路上。想清楚了，信念就坚定了，做事就有了动力。"就这样，梦想之花在一次又一次的挣扎之后，终究破土而出，迎来了晨曦的阳光。

创业经历

林凯说，最早创建公司的时候，只有两个有着同样梦想的人相互扶持。由于公司刚刚起步，没有一个客户会主动上门找一个初出茅庐的小公司办活动。于是，他们两个人到处奔波，寻找商机，常常为了拿到一个项目而风餐露宿，现在回想起当初的那段时光，还会不经意地红了眼眶。

问到他印象最深刻的事是什么时，林凯似乎陷入了回忆。"记得公司刚刚起步的时候，总共只有两个人。我们四处打听，寻找项目。正巧碰上了杭州JW万豪酒店开业。万豪酒店面向所有的策划公司进行项目的竞标，选取最优方案。当时参加这个项目竞标的，不仅有杭州本地的一流文化策划公司，还有来自上海的一些优秀公司。我们公司是一家初出茅庐的小公司，同时是个只有两个人的小团队，要面对如此专业的竞争对手，说压力不大，那是骗人的。但我们还是希望能够借此机会打响公司的名号，再不济也要当作是一次锻炼自身能力的机会，积累一些经验。因此，我们两个人不停地修改方案参与竞标，十分意外地拿到了这个项目。"

说到这里，他有些兴奋。然而，我十分好奇的是，他们是如何完成这个看似不可能完成的任务的，于是就问道："可以说说你们竞标成功的原因吗？"他微微一笑，随即说道："我们在进行策划前，花费了很大一部分工夫对酒店进行信息的收集。JW万豪酒店是一家涉外酒店，虽然是西方的酒店，但是业主是中国人。因此，在酒店开业庆典布置上很注重中西方文化的融合，而我们的方案恰恰将中西方的元素融合到了一起。方案满足了客户的需求，因而竞标就获得了成功。然而，竞标成功只是第一步而已，为了整个活动能够顺利进行，为了保证细节的完美，我们付出的代价也是惨烈的。两天两夜不眠不休的工作，整整48个小时没有合眼，就是为了做出让客户满意的完整方案。但这珍贵的第一次的成功，让我们明白了潜力是无限大的，付出了也许就能成功。尝试不一定能够成功，但是不尝试却一定失败。”

是啊，尝试不一定能够成功，但是不尝试却注定失败。可以说，这是平常人都懂的道理。但很多时候，说总是很容易，到了真正执行的时候却很难有那样的毅力。这次的成功就像一块垫脚的基石，给了他们莫大的鼓舞，让他们有了将公司经营下去的动力。

时隔不久，同样是城市学院毕业的余晓杰加入他们的团队。“这家公司初创在2010年12月，我是2011年初加入的。”余晓杰腼腆地一笑，“到现在，已经五个年头了吧。”

说起在公司经历的印象比较深刻的事情，余晓杰说了两件事。

有一次，公司做房产活动——蓝色钱江的客户答谢会。这是一个在户外草坪上举行的活动。那时正值6月份梅雨季节，考虑到天气问题，准备在舞台区设计搭建一个大棚，以防万一。就在活动开始前两天，他们查到活动当天的天气确实为雨天，大棚的准备没有白费。正当他们为此感到庆幸的时候，房产公司那边打来电话，要求在观众席加设400平方米的大棚。为此，他们马上跟上海的大棚供应商联系，从上海紧急调运大棚。经过两天的搭建，顺利完成了任务，使当天的活动能够顺利进行。活动当天烟雨蒙蒙的天气，为整个舞台效果的完美呈现增添了几分别样的韵味，整场活动也获得了到场观众的好评。这次经历教会了他做事要当机立断，遇事反应要迅速，尽可能地为接下来的工作争取时间。

另一件事是蘑菇街的企业年会。这场年会让他认识到从事文化策划工作时创意的重要性。他至今还记得，那次活动的主题“more”是由“moment”“original”“reflect”“evolution”四个单词组成的，意寓着公司能够记住现在的时刻，时常回忆总结过去的经验，将这些经验映射到工作生活中，改革创新，创造更多的收获。他说："除了意识到自己在工作中还需要学习很多知识外，还意识到要对大产品有全局的掌控能力。活到老，学到老嘛。蘑菇街的公司年会让我联想到自己的公司，从最早的初创，到与广告公司合作经营，再到如今的独立门户，我们一直在'求变'的路上探索学习，希望能够走得更远。"

一步一个脚印，只有在这样不断的实践积累中，才能获得丰富的学识，才会使身心都得到莫大的升华。

团队与家人

"用一句话概括，我们的团队就是一帮老家伙组成的一个新团队。"林凯调侃道，"这五年，从最初的校园好友发展到创业拍档，再一步步扩大我们的团队。我从未觉得我和我的员工们是严肃的上下级关系，反而更像亲密的家人、战友。虽然现在公司的规模不大，但是我觉得这样挺好。我觉得，我们就是一个小而美的公司，在偌大的城市里，做着小而美的事。"林凯和余晓杰以及员工们的关系的确十分和睦，在他们的办公室里摆放着篮球筐和小篮球。他说，在工作的空档就会一起玩玩投篮，有时还会来个小比赛，活跃一下气氛。这样不仅使得紧张的工作氛围得以轻松，还能使员工们更加充满热情地投入到下一阶段的工作中去，可谓一举两得。

面对事业和家庭，林凯总是不断地平衡二者的关系。他在外出工作的时候，心里总是有一种牵挂，总是想把手头的事情尽快完成，去陪家人。他说："为了工作，牺牲了很多与家人共处的时间，所以总是很想能够抽出时间陪妻女。但我也不是盲目地抽空，而是学会了平衡事业与家庭的关系，让两者建立和平共处的关系，在保证工作完成的同时，尽自己最大的努力多和家人相处。"

因为公司就在杭州西湖区，闲暇之余他会陪着来看他的妻子，踩着日落时的余晖，从西湖的这头散步到西湖的那头。一次，偶得双休日的空隙，他不辞辛劳地充当司机，开车载着妻女来到京杭古运河旁采摘枇杷，体验唯美的乡村风光。他觉得，只有在这时候才真正体会到为人夫、为人父的快乐。

他觉得，真正的快乐并不在于你赚了多少钱，学会协调事业和家庭的关系，学会知足常乐，这样，你获得的愉悦才会更多。

四字箴言

在谈到给后辈们一些经验时，林凯皱起眉头默默思索了一下，说道，“只能说，给你们这些想要创业的大学生一些过来人的忠告吧。”接着，他提出了四个字，“熬”“赌”“拼”“思”。

他说：“所谓‘熬’，就是要具备忍耐力。在创业的过程中，肯定会遇到许许多多的困难和挫折。就拿我自己来说吧，公司从最早创立的一两个人到现在一二十人，就是一个从小变大、慢慢熬的过程。而且，在公司刚成立的时候，客户欺负你是小公司，有时候会拖欠款项。为了讨债，你也要慢慢熬，不能心急，因为一旦撕破脸，债款就更难拿到了。有一次，我的债款足足催了一年才拿回来。

“所谓‘赌’，就是要具备预判力。很多时候，在面对选择时，需要有赌一把的勇气。因为前途没有一个明确的答案，你需要赌你自己，赌团队，赌未来。比如我在面对公司业务转型的问题时，就把原来的公关活动转型为连带做营销。然而事实表明，公司的转型是十分必要的，这关系到公司未来的发展。倘若我畏畏缩缩，不敢赌，那么公司就会停滞不前，不能有更好的发展。

“所谓‘拼’，就是要具备勇气，要有挑战的勇气，要敢于拼搏。在面对强大的竞争对手的时候，不要想着自己能力不足、经验不足就放弃挑战的机会，要踮起脚尖去拼一把。我不也带着只有两个人的团队拿下了JW万豪的开业项目了吗？这世上，只有你不敢尝试的事情，没有你永远做不到的事情。

“所谓‘思’，就是要时常思考。不能只顾着埋头苦干，还要时不时仰望星空。每天都会遇到新的问题，这些问题不仅仅是业务、团队规划的问题，还有新人的问题。就像我们这代80后要学着认可接受你们新一代的思维方式。倘若不常常思考，那么等待我们的只有被淘汰的命运。

“这四个字,我并不强求未来想创业的你们能够时刻记住。只是希望,有那么一个时候,你想到了其中的一个字,而这个字恰恰帮助你解决了一个困难。那么,我的忠告也就尽到了它的义务。实际上,多说无益。我的人生经历只是给你们提供了一个借鉴。我还是希望你们在校期间能够好好享受青春时光,多读书多学习。创业好比一场马拉松,需要长久的耐力,不能只靠最初的三分钟热度。在开始创业前,一定要坚定你的决心,半途而废是不能获得成功的。”

林凯的话到这里就结束了,但言有尽意无穷,他的话语尽于此却留下了引人深思的问题。在创业之前,我们也应该好好想想,自己是否能洗尽铅华,能否甘愿做一枝开在寒冬腊月的白梅,用自身薄弱的微香晕染这个世界。

记得马云曾说过这样一句话:“今天很残酷,明天更残酷,后天很美好,但大多数人都死在明天晚上,见不到后天的太阳。”诚然,创业的过程是辛苦的,亦是残酷的。多少企业在一夕之间倾家荡产,又有多少企业在夹缝中艰难前行,期盼着曙光临世。若有着坚定不移的信念、执着不变的心态,相信一定可以迎来胜利的曙光。

轻轻一嗅,不难发现,那凌厉的寒风中,终究还是送来了盈盈暗香……

【访谈手记】

采访前所有的不安与忧虑,在两位学长的谈笑风生中逐渐消散。这次访谈,也让我明白了,创业素来不是一蹴而就的事情。其中所经历的艰辛哪怕用尽千言万语亦是说不清道不明,唯有亲身经历,才知其中的酸甜苦辣。

通过这次采访,我对创业的历程有了大致的了解。白手起家着实不易,一次次的碰壁让人心灰意冷,一次次的集资让人心力交瘁。很多时候,半夜会被一个个客户的电话惊醒;关了电话,又唯恐错过重要的商业机遇。但是,人在最落魄的时候才知道身边的人谁才是真正的朋友。十分庆幸的是,两位学长拥有彼此的支持和鼓励。每一个点子的萌发,每一次思想的碰撞,都给他们带来了不一样的惊喜,也使得公司一步步运作下去，他们的团队逐步扩大。

我想，很多时候，只要你投入身心地去做一件事，坚持到底不放弃，一定会有所收获。这种获得或许并不一定是完全的成功，但会使你获益颇丰。

对还在校园中的我们来说，他们的经验给了我们很大的启迪。已经步入社会的他们依旧在工作中通过实践中的学习来完善自身不足，作为学生的我们更应该将平时的时间投入到学习生活中去。“腹有诗书”不仅能“气自华”，还能在今后生活中如鱼得水。我还有什么理由不学习呢？

林凯、余晓杰

杭州若美文化策划有限公司

一个学广告的毕业生,从事营销传播工作,原本是再正常不过的事。不过,如何把常态的事做成不一般意义的事,那就得看当事人是否用心和执着了。林凯和他的伙伴们,给了我们一个很好的案例:做自己想要做的营销传播,把美传播到社会各角落。“若美文化”,它是一个创造美传播美的公司,也是一块几个年轻人为了实现美的梦想的处女地。创业的艰辛不言而喻,可幸的是,他们坚持了。在细节处显示优势,在平凡处展示完美,这就是“若美”的企业文化。林凯的“四字经”——“熬”“赌”“拼”“思”也正好验证了当下年轻人创业所需要的企业家精神。

(点评:张兰欣)

家族财富传承中心 执行董事
杭州岩木草投资管理有限公司 创始合伙人
浙商少帅会 创始秘书长
韦鲁仕科技 联合创始人
中国家族财富传承峰会 执委
郎赢旻

家族财富传承中心
FAMILY WEALTH HERITAGE CENTER

岩|木|草
YMC INVESTMENT

未来，总在想象之外

郎赢旻

回首过往，那些日子总是显得匆忙和轻盈，漫长的时光如电影般高度精练浓缩，倏忽就到了现在。

毕业已十年。

虽人生未过半，但我不太相信人生还能有比大学更无拘无束的曼妙时光了。青春封存在那里，无法再品尝，只能凭吊。留在内心的，是曾经的壮怀激烈和如今的沉稳、执着。一所大学、一段四年的时光，能留给你这些，已太珍贵。更何况，我比绝大多数同学都得到的更多。在浙江大学城市学院，我收获了爱情，如今，已有了两个天使般的女儿。

或许是文艺心理作祟，我是一个不愿给自己做规划的人，我喜欢未来不可想象，惊喜固然好，磕绊也无不可。年轻嘛，把自己生命的维度拉得层峦叠嶂才有趣。于是，毕业伊始，我开始了一段闹剧般的经历，明明专业学的是新闻系广告学，简历偏偏投了城市规划设计院，真是八竿子打不着——人家要的是理工科背景的规划设计师，而我硬是凭着嘴皮子闯到了面试最后一轮。老总问："很欣赏你，但你没有专业能力，愿意先跟着好好学一年专业吗？"我未经思考就莽撞答道："补其短不如用其长，我在你这儿把我的特长发挥到极致才是对的。"结果嘛，可想而知。

可怕的不是无知，是无知又无畏。其实我连拿得出手的特长也没有啊。继续无知无畏，干脆跟人合伙创业。窝在朝晖九区的一处居民房里，3个人，3台电脑，拉了20万投资，啥协议都没签，连个口头约定都没有，我们开始代理新浪的城市招商网站。半年多后，从业务到架构到分成，问题全方面暴露，毫无悬念地宣告失败。

因为没啥资产，散伙倒也方便，塞了些个人物品拎个包就出来了。坐上回家的89路公交车，旁边座椅上放了一张别人垫屁股的招聘报纸，我就拿起翻了翻，找了个营销策划公司拨了个电话过去……第二天居然就开始了新的工作。

镜头快进下吧。在这家营销策划公司做了半年多，老板的朋友跟老板和平协商，把我“挖”到——居然还有老板“挖”我——他的科技咨询公司。天哪，科技咨询，我从来没有听过这个名词。吊诡的是，我居然做得还不错，一年后便升任新筹建的投资公司业务负责人。因业务关系，我接触到正在招兵买马的《浙商》杂志社。一年后(此时的时间表标注在2008年3月)，我走进浙报大院，来到《浙商》杂志社。

误打误撞，终于来到了一个新闻系毕业生该去的名门正派。相对于我此前的职场，这无疑是一个广阔的平台：省直机关、国企集团、上市公司。每一个光环都是家里长辈们中意的，他们认为我得安定下来，好好干一辈子，为社会主义伟大事业奉献余生。而我因从小在国企大院长大，也确实在浙报大院找到了自己依恋并熟悉的感觉。不过，我以多面手(其实是啥都能上手，啥都干不精)的面貌在不同的岗位上频繁跳跃：营销、策划、记者、编辑……积极参与浙报集团几乎所有的文艺体育社会活动：做主持人、搞话剧社、诗歌赛、篮球、足球、运动会、打太极、晚会、沙龙……会的、不会的全忙活了一遍。正“全面绽放”时，一个转折点出现了，《浙商》杂志社筹建青年企业家俱乐部——浙商少帅会，我毛遂自荐，领导也放手一试，于是我当了“官”——创始秘书长。

这是我事业中一个关键性的时刻，如果以后给自己拍电影，之前的职场都可以用2倍速叠镜头，那一刻，得用慢速特效，而且用金光闪闪的滤镜。

此后四年间，我倾尽全力。四年后当我决定卸任少帅会秘书长，离开大院离开《浙商》去外面的世界时，浙商少帅会已是中国新生代企业家组织中当之无愧的佼佼者。

这四年里，对话国民党荣誉主席连战等政界明星、郎咸平等知名学者和无数商界巨擘、顶级精英，组织国内及世界各地的商务考察参访，举办“未来已来——中国民企少帅大会”，对接最高端的海内外家族和商业资源……这是我狂飙突进的四年。最重要的是，汇聚起一大批最精英的青年才俊——民企少帅。他们将是实现中国梦最明媚而坚实的力量。

对话国民党荣誉主席连战先生

我曾经以为，我将永远为此奋斗下去，因为我喜欢这份事业，因为我收获了太多。年幼无知时一句“身为小镇青年，当从世界边缘，征服世界的中央”的轻狂戏言，似已能成真。但是，未来不该是可以想象的，不是吗？未来应该是不断地挑战、不断地搏击、不断地乘风破浪、不断地去看更辽阔的天地，不是吗？

也许人就是被欲望驱使的动物，无法满足。虽然已为人夫为人父，白发依稀，身材发福，但内心的热血还在燃烧，小宇宙还在期待更大的爆发。于是，2015 年伊始，我混进 85 后 90 后不甘平庸的年轻人的队伍，踏上了后会无期的创业之路。

因为我确信，未来，总在想象之外。

探寻财富的精神 传承精神的财富

家族财富传承中心由吉业长青创始人、北京青年企业家商会秘书长王钊和浙商少帅会创始秘书长郎赢旻,联合原高盛集团全球合伙人徐子望先生、慈传媒创始人吴金豪先生、海外控股集团执行董事邢枫先生创办,高盛高华证券、厚朴投资董事长方风雷先生担任中心专家委员会主席。

中心在中国40余个青年领袖组织设立家承研究院联合研究基地,覆盖2 000多个具有代表性的中国家族企业。传承中心与《中国慈善家》杂志已成功举行两届中国家族财富传承峰会,邀请到美国当纳利家族、法国穆里耶家族、美国洛克菲勒家族、韩国现代集团郑氏家族、马来西亚佳通轮胎余仁生家族、香港曹光彪家族等几十个海内外优秀家族传承榜样到会,与近千名来自全国乃至海外的家族企业传承人分享传承经验。

中心定位于中国领先的专注家族财富传承领域的非营利性服务机构,致力于为家族企业和相关机构提供专业的研究、信息、数据和咨询服务,与中国优秀家族企业协力拓展基业长青之路。

中心目前设有北京、上海两地办公室,并与国内外顶尖社会组织、学术机构、全门类金融服务机构达成深度合作。

三大功能和机构设置:

家族企业研究 → 家承研究院

培养青年领袖 → 大承学院

服务全国组织 → 青年领袖组织孵化服务中心

家承研究院

中心创始人王钊先生和郎赢旻先生曾各自创立国内最具影响力的青年领袖组织,并先后多次牵头组织国内青年领袖组织非官方联盟,并曾发起 FBN 国际家族企业协会的大中华区;中心在 2015 年第二届中国家族财富传承峰会期间,授牌中国近 40 家最优秀的地方青年领袖组织以“家承研究院联合研究基地”。

大承学院

大承学院是由中国家族财富传承中心发起的传承人领袖商学院，坚持精英化、实战型、师徒制和非营利四大原则,以中国商界最顶尖的企业家和投资人为导师,结对具有强烈传承意愿的品智兼备的家族企业传承人，采用私董会的日常交流机制和深入定制化的服务模式,以中国家族财富传承中心的家族企业研究、顶级圈层资源和全球化视野为支持,以服务中国家族企业事业与财富传承为己任,打造传承人在家族企业发展和传续中的实战成长平台。学院于 2015 年正式启动“百人计划”,计划用十年时间寻找和协助 100 位青年商业领袖,领导企业参与全球商业竞争。

精英化

私密型的精英圈层,集结德高望重的导师,和有实力、有意愿成就商业突破与转型升级的新生代企业家。

实战型

突破目前所有学院派理论式的商学院模式,坚持实战式学习,深入理解学员与企业所面临的问题,协力解决、共同成长。

师徒制

建立师承关系,传授商道真经、锻造商界领袖、创建商团文化。双向认可与选择,交付信任,一期为师,终生为师。

非营利

坚持以中国家族企业事业与财富的传承为初心,以协力学员十年成长为愿景,秉持公心,无远弗届。

大承计划(十年百人计划)

未来十年,是中国新生代商界精英成长与崛起的重要节点,21世纪的商业竞争与发展的主旋律,即是中国与全球青年精英的竞合。大承学院将用十年时间,寻找并协助其中的100位青年精英,成为新一轮全球商业、产业、金融业的杰出领导者。

启动大承学院十年百人计划
(右一为郎赢旻)

青年领袖组织服务中心

中心整合国内外优秀青年组织运营经验和优秀人才,建立大承青年组织标准化运营体系,提供孵化、托管、培训等服务,同时为各青年组织提供跨区域服务对接,实现青年组织资源整合,成为各组织之间互相联系的重要纽带,实现各组织间的深入互动、团结合作。

中国家族财富传承峰会

通过在中国本土每年举办的聚焦家族财富传承与管理的最高级别会议,围绕“国际家族企业传承趋势与成功经验”“家族精神与百年家族”“建立中国特色的家族财富管理与家族财富办公室”“家族财富与慈善”等议题,广邀世界知名家族,对话国内优秀企业,打造中国家族企业青年领袖组织一年一度的学习交流的盛会。

中国家族财富传承峰会会场

创业如草 立业如木 承业如岩

岩木草投资是以产业投资为主导的创二代投资管理平台，凝聚近20家上市公司创二代联合发起。

岩木草以产业投资为手段，紧紧围绕上市公司产业优势，布局泛家居、后汽车、健康医药、节能环保、先进制造等五大产业，通过股权投资、并购、产业发展投资服务等方式，助力产业转型升级，实现家族财富传承。

【岩木草释义】

岩、木、草，都是自然界中最基本的物质。

草有着最普通最旺盛最不屈的生长力，树木是最长久最强壮的生命，岩石则最永恒最稳固最坚实。从草到木到岩，是一个个人从成长到奋斗到成就价值的过程，也是一家企业从草根初创到发展壮大到价值沉淀、传承的路径。岩木草，是希望成就一群人，和他们所肩负的企业。

【岩木草理念】

开放分享　共同成长　拥抱变化　相信未来

【岩木草优势】

中国创二代产业投资组织最强联盟

产业资源的聚集、整合和创新优势

聚　整

投　退

上市公司五大产业链专业研判决策

以上市公司为支撑的多层次退出渠道

近20位青年企业家联合发起“岩木草投资”

进击的草根

——不一样的创业记

应　悦

你心中的创业者是什么样的？是西装革履的社会精英还是T恤牛仔的忙碌青年？

初见郎赢旻的时候，他穿着白衬衫，外面套着一件西装背心，背着黑色双肩包。“似乎和印象中的创业者形象不太一样啊。”我心想。互相认识后，我们在咖啡厅开始了采访。

“我和其他的创业者有点不一样。”他坐在沙发上整了整袖口，清了清嗓子道。

还真的果然是不一样呢，我笑着看向他：“哪里不一样呢？”

“我是典型的‘小镇青年’，在一个叫德清的小地方长大，在相对‘放养’的方式中成长。我大学那会儿把自己想做的事都做了，那时候在广告学系，觉得我们系的同学都是最牛的，桀骜不羁才华横溢，我自己参加摄影协会当上会长，组建诗社，参演话剧，看别人不屑看的晦涩艺术电影，到图书馆借深奥的学术著作，反正怎么能刷存在感怎么来。用现在的话说，就是‘装×’。”说着校园往事，他眉头上挑，看不出是得意还是讽刺当年的自己。

“原来也有这么青春任性的时候啊？”也许是现在稳重的形象和描述中猖狂的少年有些差距，让我有些吃惊地问。

“是啊，就是这样我在大学里才没有留下什么遗憾吧，做过的事也让自己看到自己的幼稚和可笑，当然也有一些事做得还凑合，总之，在迷茫中挑战了许多可能性吧。”他把手头的烟掐灭，喝了口咖啡，“在大四的招聘会上，我挑中了一家做城市规划的公司，从小就特别喜欢城市规划，也算是兴趣广泛吧，可是我不是建筑学专业的，什么专业知识也不懂，但那时候也不知道哪来的底气和傲气，面试时极其自负，自夸能给公司带去全新才干，直到最后一轮面试，那个老板还是想给我机会的，可惜我的无知让他选择了理性，结果呢，当然是被刷了。”

“然后呢？所以就开始了现在的创业？”

“才不是呢，我一开始的创业是失败的。失去了招聘的机会又跟着室友林凯去了一家生物科技公司做了几个月品牌，后来遇到个机会就决定创业了。那时候找了两个合伙人，三个人一起建立了一家加盟性质的网站，帮商户把广告放到各个网站做分类信息，也找到投资人投资了20万，又加入了新浪的城市联盟，做了半年就开始盈利了。看上去是挺好的，可是年轻人嘛，刚创业一点经验都没有，之前组成公司和接受投资的时候也没签订任何协议，直到公司后来盈利和经营思路产生分歧的时候才知道来不及了，最后分歧越来越大，也只能散伙，公司就这样解散了。第一次创业以失败告终了。”他耸了耸肩，又喝了口咖啡道。

“第一次创业就失败肯定很沮丧吧？之后是怎么再重新开始的呢？”我摇了摇笔杆问。

“我觉得我没有很沮丧也没有很挫败。哎，那时候没什么特别大的感伤，年轻嘛本就一无所有，失败没关系，重新再来嘛，不过我也没有急着继续创业。我记得那一天我抱着公司解散后留下的一些文件坐公交车回家，在公交车的座位上看到一份报纸上有一则某营销策划公司的招聘广告，那是一家很小的公司，员工只有三四个人，也许是比较擅长推销自己吧，我被招聘进去做了总监，在那里很安逸地工作了几个月。后来机缘巧合，被老板的朋友——一家科技咨询公司的老板看上了，这家公司主要是帮科技型公司向政府融资的，我觉得这个机遇也不错，就转到了这家公司，一年后还做了投资管理公司的负责人呢，担任投资总监。公司老板人非常好，整个公司氛围就像家一样，没有一点钩心斗角，在那里待了两年。”

“之后又萌生了自己创业的念头，出去创业了？”随着讲述故事时间轴的移动，我有些迫不及待地问他。

“那时候没有想那么多，时机也不成熟，心态放松挺随遇而安的，在什么地方就把自己应该做的做到尽可能好，我觉得有一个较为平和的心态无论是对创业还是对工作帮助都挺大的。工作了两年以后，2008年机缘巧合去了《浙商》杂志社，这也算是我人生中最重要的转折点吧！”

“转折点？为什么？”感觉重要的事情要发生了，我喝了口咖啡仔细听着。

“因为浙报集团是一个很大的平台，浙商传媒是其旗下的财经媒体，有中国第一商群杂志——《浙商》，还有中国最大的地域商群企业家平台——浙商全国理事会。浙商传媒有很好的平台，有非常多的活动，我接触的平台也就更广阔了，我是属于心态特别好而且对自己能力特别自信，甚至有点自负的那种人，总觉得没有什么是自己不能做的，哪怕是我不熟悉的领域。于是只要有机会，就什么事都去插一脚，像八项全能手一样。集团组织晚会，我就去当主持人，并开始主持各种各样的活动，见识越来越大的场面，从全国巡回论坛到数千人的浙商大会，从专家云集的私密研讨到时尚高端的各种活动……浙商和浙报平台给了我足够的发挥空间。”

“那一定帮单位省了一大笔钱！”

“性价比不要太高哦。另外还参加集团里的话剧表演，把我在大学里感兴趣的那一套又搬到工作里来了，演技不错的哦！反正就是参加了各种活动，也是向领导展示自己的能力吧。所以说大学里面能多拓展自己的能力就多拓展一些，总会有能用到的时候。”

“这些表现为后来的成功做了什么铺垫吗？”

“当然了，2010年年末，《浙商》杂志社决定成立一个浙商少帅会，我毛遂自荐主动向领导请缨，而前期的表现也让领导相信我可以胜任这个工作，成为浙商少帅会的创始秘书长。这对我之后的人生经历非常重要。”他交叉手指握住双手，点了点头道。

“什么是浙商少帅会？”

“少帅会是一个汇聚当今青年精英，尤其是民营企业接班人，助其提升商业素质和人文素养，从而推动个人成长和企业发展的会员制的青年精英组织，是为所有成员搭建一个共同学习、交流的平台，并为会员提供针对性服务的组织。”

“那是不是就是传说中富二代的一个组织啊？”

“也可以这么说吧，可是你要知道，二代其实往往不是我们印象中的那些不学无术的纨绔子弟，他们中的多数人其实比常人更努力，又很聪明很有见识。之前网络里不是很流行一句话吗：‘不怕富二代比你有钱，就怕他比你有钱还比你努力。’少帅会里面的成员往往都是年轻有理想的青年才俊，我们的宗旨就是‘中国民企新生力’。在中国经济转型、民企面临传承接班的大背景下，能够通过这个组织平台，帮助少帅们提升自身素质，推动所在企业和组织发展，为中国民企发展做出贡献。同时在中国营造和谐社会大背景下，积极组织各种社会公益活动，推动会员企业成为优秀的企业公民，塑造良好的社会影响与履行自己的社会责任。我们的少帅应该是胸怀积极的社会价值观，具备未来商业领袖的潜质。少帅会会员享受浙商传媒旗下浙商系列杂志、浙商全国理事会、世界浙商网、中国民企投融资大会、财智女人会、浙商商学院、财富管理中心、浙商之家酒店联盟等全系列资源，集成各个平台的优势力量为少帅提供会员服务。它所拥有的资源是其他组织不可比拟的。”

“所以创办的少帅会是在行业里面独一无二的组织了吧。”

“的确可以这么说，2013 年年底的时候，少帅会组织出访台湾，国民党荣誉主席连战专程接见，共同聊到两岸年轻企业家如何携手合作。

2014 年 11 月 29 日，我们举办了首届中国民企少帅大会，到会的有 800 多名来自全国的少帅和 30 多个少帅组织，还有全球知名企业家。楼明(广厦控股集团董事局主席，浙商少帅会会长)、香港新鸿基家族、兰·科恩(以色列亚洲商会主席、标准局总裁，工业、贸易与劳工部前部长)、曾宪章(‘晓龙基金会’董事长、美国百人会理事、美国 ECO 环保基金创始人)、邱威功(泰国著名企业家、慈善家、作家，连续两年被《福布斯》杂志列入泰国富豪榜前 40 名，并被称为‘亚洲慈善英雄’)、高千媛(新加坡三德集团少帅，三德慈善基金会副主席，GoPurpose.com 创始人，其父高新平是中国台商协会创办人)、梁信军(复星集团副董事长兼首席执行官)、冯仑(万通控股创始董事长)、王麒诚(上市公司‘汉鼎股份’创始人，汉鼎宇佑集团董事长，全球十大 80 后创业家富豪，著名投资人)等都来到大会。由此可以看出我们少帅会一步一步走向成功的印记。”

“既然是这么好的机会，这么好的平台，为什么现在没有留下来呢？”

“我当初参与创办少帅会的时候，的确是想过并且一直坚持少帅会的目标——

成为中国民营经济中最具影响力的青年精英组织。它有这样的能力并且我也为它付出了所有的心血，但是我却发现随着时间的慢慢推移，它进入了一个瓶颈，而这个瓶颈是中国现在的体制所造成的，我没能力去改变它。这与我的设想和理想都不相符合，而这个时候，我因为这四年在少帅会的经历，获得了广阔的人脉和不一样的视野，并且身边的朋友都在鼓励我出来自己闯一闯，我觉得是时候可以出来闯一闯了。”

“是受外界因素影响吗？”我问道。

“当然。有个人在这时起到了最关键的作用，他是吉业长青的创始人王钊，那时他还是吉林省政府部门的公务员，仕途光明，但他决然选择了辞职创业，2014年圣诞节那天晚上，他专程从东北飞到杭州找我商量一起创业的事，我们聊了一整晚，我想，那晚，我内心最终决定了出来创业。我一直都感受得到自己内心的‘野心’。”

“所以并不是因为外界因素突然促使你有了创业的想法，从2010年创办少帅会到2014年离开，这4年的时间心中就一直有创业的想法吗？”

“创业的火种一直没有熄灭过，只是在等待一个合适的机会将它彻底点燃，因为毕竟我已有自己的小家庭，有了两个孩子，需要承担家庭顶梁柱的责任，不能像刚刚毕业的大学生那样无所顾忌。在你们对未来迷茫到底应不应该创业的时候，当然，我觉得，如果你心中创业的火焰烧得你难以忍受的话，那就去做吧，大学生的你们就应该勇往直前，创业还是要趁早啊！”

“可是大学生一出来就创业可能没什么经验，容易失败，不是吗？”

“失败有什么呀？”他认真地看着我，“失败并不意味着失去啊，创业不管失败或者成功，你都获得了经历，并没有失去什么啊。社会就是这样的法则，你在一次又一次的挫折后依旧生存下来，才能变成真正的强者。”

“感觉就没有想要放弃的时候吗？没有觉得创业很困难的时候吗？”我手指不自觉地敲了敲咖啡杯，有些感慨地说道。

“大概我承受力比较好吧，又比较乐观。也不是没有困难的时候，创业其实很辛苦，很艰难，我现在睡眠时间特别少也很累，有时候一天要飞几个城市办不同的事，不过我觉得这个都是可以克服的,心态还是要放好一点。当然创业做自己感兴趣的事情的话,就更是苦中作乐啦! ”他笑着又点燃一支烟。

“那现在的创业进程怎么样了呢? ”

岩木草产业光合启动式

“其实我真正的创业是从2015年开始步入正轨,现在我们几个小伙伴一起成立了岩木草投资管理有限公司, 主要业务是做产业投资、传统产业嫁接互联网等新科技, 通过股权投资、收并购等方式,利用资本市场把产业做大做强,为以产业二代为核心的上市公司进行产业集团的并购重组和价值整合提供服务。

“另外我还和吉业长青创始人、北京青年企业家商会秘书长王钊先生联合成立了家族财富传承中心,为中国家族企业事业和价值传承服务,分设北京和上海两地。

“此外,还参与创办了高级男装定制品牌VK(享客),在一年内把品牌的知名度达到了国内第一。2015年5月30日,在上海举办了VK百男大秀,启用一百名亚洲模特,是中国首个以‘骑士精神’为导向的高级定制服装品牌,致力于打造‘男版维密’。大秀有‘骑士精神’的战士,更将引领中国男人的绅士风范,应该会给中国的时尚圈带来新的气息。”举手投足之间,他的眉宇间尽是意气风发。

“能在半年内完成这么多规划、做这么多事真是非常不容易,那么对于年轻人的创业还有什么好的建议吗? ”

主持第二届中国家族财富传承峰会
(左一为郎嬴旻)

“还是一句话,年轻人想要创业就要趁早行动, 趁你们还能无所顾忌还有使不完的劲,抓紧去做吧。创业过程中呢, 不仅自身承受能力要强,合伙人的选择也很重要,必须相互信任,必须是背靠背的信任。”他思索了一会,突然开口,“对了,你们有崇拜的人吗？有偶像其实很好，有方向有目标，不忘初心，折腾到底。”

四个小时的谈话，把这个从小镇来的学长从大学到今天的经历像幻灯片一样一幕幕展现在我们眼前，却因为坚强与乐观掩盖掉了辛苦的一面，点点艰难隐藏在了顺利的光环下。可是无论如何他都希望我们能从他身上体会到一些什么，然后坚持我们想坚持的。

加油，创业！

【访谈手记】

一开始联系郎赢旻先生采访的时候有些紧张，电话里都感觉他行程满满，特别怕打扰他工作，但是后来见面的时候，他主动先和我聊天，整个人都处于一种唠家常的放松状态，于是我也就慢慢放松下来。

与其说这是一次采访，不如说这是一次聊天。我把我们这些年轻人不懂的、迷茫的东西问出来，他帮我解答；他把他的一些想法、知识告诉我，也会向我问一些现在年轻人在想些什么的问题，最后还给了我一些鼓励和建议。我希望我收到的那些启发能让更多的人感受到！

郎赢旻

家族财富传承中心
杭州岩木草投资管理有限公司

上班，辞职，创业，散伙；再上班，再辞职，再创业，走向远方。这样的轨迹，或许是当下一小部分年轻人共同的轨迹。难能可贵的是，一个“小镇青年”——郎赢旻把它演绎得这样有声有色，不像刻意为之，但分明是有迹可循，可以让我们清晰地看到，一个有为有梦想的创业者，已经准备好了一切，已经整装出发了。校园里的敢想敢闯，到社会上的敢作敢当，自始至终，其实都在郎赢旻不经意的人生规划中。在每个阶段的历练中，都在有心地积累人脉，积累经验。正如他自己所说，未来总在想象之外。相信“家族财富传承中心”传承的不仅仅是物质财富，更多的是社会的责任，和一个年轻创业者的梦想。

（点评：张兰欣）

THINK PARK 传播机构

（杭州思库文化创意有限公司 &

杭州门玛营销策划有限公司）

合伙人

许欣儿 姚炜 郎景云

TH!NK PARK

创业是种病

许欣儿

最近看了硅谷顶尖创业者本·霍洛维茨的《创业维艰》，书中写道："在担任 CEO 的 8 年时间里，只有三天是顺境，剩下的 8 年几乎全部举步维艰。"这其实就是创业者最典型的状态。

10 年时间里两次创业应该说收获了很多，即便第一次创业失败也从没有后悔过，因为，它让我变得更加坚强。创业也让自己失去了很多，创业是孤独的。走出心里的舒适区，进入加班、熬夜的无规律生活之中，成为铁血的工作人，唯一的放松方式就是睡觉。

听起来，创业就是一种病。

你真的准备好创业了吗？

2005 年到 2010 年是我的第一次创业经历。那时候我们做了两个产品：CDN 和 NV BOX。听起来很复杂，其实 CDN 就是现在的云计算和云存储的基础架构，而 NV BOX 就是一套基于互联网开放资源的机顶盒的操作系统。这两个产品哪怕放在现在都是非常火的概念。我们也因为这两个产品融到了人生第一笔风投，那么为什么这么好的产品没有能够笑到最后呢？

团队

那个时候对互联网的狂热达到了巅峰，BAT才刚刚起步，在大家的眼里只有新浪、网易、搜狐。三个年轻的80后，大学的时候就靠帮别人做网站赚取了人生第一桶金，毕业后信誓旦旦以上市为目标开始了创业之路。我们并没有经过大型互联网公司的洗礼，一切更像一次历险，更多的精力浪费在了沿途打怪。产品研发的随意性，销售渠道的缓慢开拓，财务经验的严重缺失，成本意识淡薄，更别说人力资源、公司文化、企业管理。这些都是我们走过的弯路，很多时候我们的状态就是束手无策。尽管因为一份漂亮的商业计划书和对未来的美好憧憬融资300万元人民币，我们的CDN产品一度也占据10%的市场份额，最终还是在一系列问题面前不得不宣布失败。这个时候这帮年轻人已经在这样的环境下靠着梦想苦苦支撑了五年时间。

产品

初创公司选择产品很重要：一种是选择低门槛的产品，轻资产重运营；一种是选择技术专利领先并具有一定排他性的产品，对资源依赖性比较低。好产品不一定有好的结果。

每一个产品都有它的生命周期，CDN和NV BOX都处在市场刚刚认知、需求并不旺盛的阶段。让一支初创团队去做教育市场的工作，我们的资源在哪里？我们的客户在哪里？这些都是问题。而且事实证明，CDN这个产品并不是区区300万元能够玩转的，很快，几个月时间我们的钱就烧在了设备和机房宽带的投入上。因为要实现CDN的互联互通，必须在全国各地建立自己的服务器集群，这件事两年后的阿里云做了三年才初具规模。另外一个产品更加需要与各个门户谈合作和资源分享，因为资金和规模原因我们和那个时候非常多的程序一样采取了程序自动抓取数据，但是最后还是被无情封杀。这些都是血的教训。

投资人

自从2006年10月GOOGLE以天价16.5亿美元收购Youtube后，为视频流媒体提供存储和加速的CDN技术很快得到了投资人的追捧。而我们在国内率先提供CDN服务，也积累了一些客户。美国最大的投资机构IDG和投资阿里巴巴的软银投资很快主动找上门来，对我们进行投资调研。这对于刚刚创业的我和我的小伙伴来讲，简直像是天上掉馅饼，许多创业者争相追逐的投资机构居然主动找上了我们！但是国际投资机构严格的调研和对团队的经验要求以及投资进度，很快让我们陷入一种恐慌。就在这个时候有朋友给我们介绍了几个民间投资人，他们在听了我们的业务情况后，用最快的时间做了投资决定。几乎就在数周时间内完成了第一笔风险投资，但这也为后期的失败埋下了伏笔。民间投资者最大的问题就是不专业，缺乏经验，以及缺乏长期投资能力。很快，因为资金链断裂，我们最终和投资人不欢而散。抱着短期回报理念的投资人注定不能成为很好的合作伙伴。

创业就是挑战自我的过程

2010年第一次创业失败后，沉寂了两年，在这两年时间机缘巧合进入了公关会展行业，开始了新的职场历练，也开始思考这些年创业的得与失、成与败。2012年6月，与曾经的大学室友共同创办了思库文化创意有限公司。经历了三年多的发展，公司营业额每年保持50%以上的增长。思库创意进一步发展，成为现在的THINK PARK传播机构，人数也从最初的8个人发展到现在的近60人，在杭州的公关会展业开始崭露头角。

杭州友好城市市长峰会是杭州每两年举办一次的国际性会议，嘉宾为杭州市的全球友好城市市长代表团，思库创意全程参与活动策划、设计与接待，完美展示了杭州形象，并获得各国与会嘉宾的一致好评，更使其成为杭州国际性会议的标杆！

用心坚持

相比第一次创业，我们变得更加成熟，一改之前的浮躁，以业务为导向，带着团队把公司安在了住宅区，很好地控制了成本。得益于之前两年的行业从业经历和人脉关系，很快我们有了第一批稳定的客户。但是这个行业有一个最大的问题，总结起来就是一个字“苦”。我们被称为“广告狗”，三年来多少个日日夜夜在活动现场通宵守候，多少次因为方案创意彻夜难眠。相比家人的不理解、业务的得与失，小伙伴们因为各种各样现实原因而离去是让我们最痛苦的事。有一段时间我们总是在质疑这条路的选择是否是对的。身体的累不怕，怕的是心累。

是什么支撑着我们往前走？

这是一种信念，正因为这是第二次创业，我们比第一次时已经走得更加稳健，而且更加成熟，我们没有理由去放弃这样一家公司和团队，我们也更加相信每一个行业想要成功没有捷径，每一次成功都不会轻易得到。我们选择了坚持，而老板身上的这种坚持尤为重要，因为人人都看着老板的一举一动。走到现在我们更没有理由选择放弃。

追求卓越

如果说用心坚持是成功的横向坐标，那么追求卓越就是纵向的箭头。我很庆幸，这么多年来团队中从来没有人把金钱利益放在第一位。在追求品质的同时，我们也在追求着公司的长远发展。经常有员工跟我聊天的时候提到，相比工资收入，他们更在乎的是个人的成长，以及个人在公司中的价值。我们已经不像当年，因为一点业绩沾沾自喜。我们的目标是成为行业中的佼佼者，甚至跳出行业去看待自己未来的定位。这已经成为公司成长的动力之一。

拥抱变化

变化有两种，一种是来自客户需求的变化，这已经没什么好说的了，积极主动迎难而上就是我们的解决之道。我想说的另一种变化是行业的变化，“互联网+”对整个社会产生了巨大的影响。碎片化、社交化的信息呈次方级增长。互联网+会议+营销，让我们开始尝试与数字互动公司进行整合之路，于是就有了 THINK PARK，我们开始进入 2.0 时代，将线上传播与线下活动进行整合。我们第一次走到了客户的前面，引领着客户的需求。只有拥抱变化，才能让自己在追求卓越的道路上不被淘汰。

这些只是我在创业道路上的一些简单感悟，到现在我还觉得自己仍然处在创业的初级阶段，未来要走的路还很长。用我的创业血泪史，给想要创业的学弟学妹一些建议：

1. 创业前最好经历过大型公司的历练，哪怕只是短暂的一年，那也会让你少走很多弯路。也可以加入各类创业沙龙和孵化器，与优秀的创业者和投资人聚合在一起总是没错的，他们会有各类创业课程。

2. 创业是一种基因，不会因为时间的推移而流失。不要因为错过了一个Idea(创意)而难过，因为当你准备好的时候自然不断还有新的Idea出现。

3. 找到对的专业机构投资人，会让你离成功更近。

4. 今天大部分人对创业的理解是开一家公司，但是从广义上来讲，在公司里打工也属于创业的一部分，创业最根本的一点是心态，你对产业有对自己孩子一样的心态就是创业的最根本特征。

5. 找对合伙人，有共同的创业理想、创业目标，有共同的文化和价值。

2015年10月16日–17日，由杭州健培科技有限公司主办，杭州市西湖国际博览会组委会和杭州经济技术开发区管委会支持，华为技术有限公司、IBM中国、中国医药城、“千人智库”和杭州电子科技大学联合协办的2015“西湖论健”国际高峰论坛在杭州黄龙饭店圆满举行。

针对这次论坛量身定制了结合宣传介绍、在线报名、电子议程以及同步在线直播功能的微网站。

关于论坛的一切信息都可以在《西湖论健》数字会务的H5页面中找到，包括在线报名。足不出户，只要有手机就可以报名参加论坛，凭借专属的二维码签到。网络虚拟在线直播平台架构，可实时地将会议现场的内容在网页端进行直播，体现了Online，Offline的应用。增加话题讨论区板块，与关注者进行在线互动，改良了论坛一贯呆板的风格，充满科技感的同时还丰富了活动。

创业那点儿悄悄话

姚 炜

2005 年从广播电视新闻学专业毕业，按部就班地进入杭州电视台，干过记者、编导、责任编辑，跑过教育、社会、时政、体育、司法，抗过台风、抓过老赖，围过人(追踪采访)，也被人围过(采访时百八十号人把我们围住不让走)，前后近七年时间，不算身经百战也能算阅人无数。

有朋友说，“这段经历一定给你积累了不少人脉，为你创业保驾护航”，此言甚是，但就自身而言，更重要的是，练就了洞悉社会的双眼以及一颗日趋坚强的心。

现如今，创业就像一支兴奋剂，让无数人趋之若鹜，但创业也讲究“天时、地利、人和”。坦白说，我的创业“天时”源自 2011 年太太腹中的二胎，其直接触拨了我逃脱原本轨迹，置身创业热潮的神经；“地利”与“人和”，则都与我的创业伙伴 @胖子许欣儿有着极大的关系。

曾经听到过一个段子，说“大学的宿管员是何等牛× ，他们把原本毫不相干的人，硬生生地安排在一块儿生活了四年，从此造就了多少志同道合的一辈子的伙伴”。@胖子就是我大学的室友之一，尽管我们当年的寝室安排，应该跟宿管员没半毛钱关系，但隐忍四年轰天呼噜娃的折磨，他顺理成章地成为我最好的兄弟。也正是这个兄弟，把我带进了公关、会展的文化创意行业。

创业四年，回首望去，一路荆棘丛生甚至一地鲜血；但向前望去，天空又会飘来五个字“那都不是事”。最后听小哥说上一句，创业是一座攀不完的高峰，切勿独自前往，需与极为可信之人结伴同行。

创业
不是 说得特别好

郎景云

大家都在说创业这个词儿

我听着却汗流一个浃背

回想当年梦中的辉煌

低头看看身上的伤疤

朋友圈里不是创始人就是投资人

各种融资各种 FA

那些改变世界的 NB 产品呢

要扒开多少泡沫才能看得见

我开过 4 家公司其中过去了 3 家

我能还活着或许是找不着天台的门

草根创业不是神话就是胡话

吹嘘成功的人回家都只能啃啃干脆面

你还想要创业吗我的朋友

我的汗渐干而你还要汗蒸

如果不想死得痛快

就追个信仰学学孤独的前行

你不是乔老爷也不是李马马

你没有免费的奶茶也不是有情怀的相声演员

但你依然可以彪悍地创业

只要你坚持自己信仰的方向

烟花绽放

美的不是它片刻的绚丽

而是在黑夜里哪怕一瞬把这个世界

照亮

网易邮箱大师作为一款职场达人必备的手机 APP，有着非常强大的邮件管理功能。为了突出“职业范”这一概念，特别请到了郭敬明代言。而当时郭的电影作品《小时代 4》正是网络热议话题，于是我们将小时代中的人物形象，置入原创的现代职场中制作了本 H5。用户在剧情中选择自己的行为，郭敬明将出现并判断这是“职业病 or 职业范”。突出了代言人郭敬明的“职业范”，为邮箱大师 APP 的推广起到了很好的作用。

什么是 THINK PARK ？

这是一个“互联网 +”战略下的数字时代。基本大数据和新兴媒体的营销方式层出不穷，传播策略迅速更迭，传统公关广告圈的旧招式再难吃遍天下。

THINK PARK 应运而生，通过整合线下活动、数字化体验和社会化媒体传播等多个平台，凭借互联网环境中敏锐的市场洞察力、新媒体格局下革新性的创意策略，集结新老媒体人、广告人、互联网人组建跨界团队，我们在与传统公关广告公司的激烈竞争中迅速脱颖而出。

THINK PARK 旗下包括思库创意和门玛互动两大分支。业务涵盖活动传播（包括活动策划、活动管理、活动运营）、数字平台（包括数字会务系统、会员运营平台）、社会化营销（包括社会化内容、社会化媒介、垂直渠道）和数字品牌全案（数字品牌诊断、数字 VI

THINK PARK两大业务版块

诊断、公众号/APP营销、自媒体运营)四大板块。以行业内独树一帜的营销O2O模式,帮助品牌真正实现数字时代线上到线下的一体化传播推广。

至今,众多国内外知名企业,如阿里巴巴、可口可乐、浙报、海亮、永安、南华、迪安、珀莱雅、九阳、中联网仓、万科、绿城、网易、平安、华为、安利、完美、捷豹路虎、宝马等,都成为我们的合作伙伴。我们也希望能够扶持更多的传统行业破局者和互联网创业者,通过新兴的营销手段走向成功。

THINK PARK的核心目标是:致力于为客户创造价值和感动,让品牌更加深入人心!

THINK PARK典型案例

2015 浙商大会，让互联网改变传统

项目背景

每年6月，杭州这片新兴的互联网产业热土，以一种开放的姿态迎接着一波波财经大佬和科技创客的回归。而浙商大会作为长三角最具活力和人气的商业大会之一，正是这波远方来客的根据地。

2013年至今，浙商大会发生了从分享式演讲到互动性体验，从传统行业分析到互联网与科技前瞻的时代性转变。

最终收获

THINK PARK充分分析了会议主办方和参会者的需求，为2015浙商大会打造了一种完全不同于以往的参会体验，也探索了未来数字会议和会务O2O的发展方向。2015浙商

大会的主题是“互联网 +”，因此，我们围绕“互联网 +”这个概念，做到内容和形式的统一，充分运用了互联网技术，把 2015 浙商大会对接未来市场趋势、推动意识形态的转变、引领浙江经济拥抱互联网时代的理念，直观地表达出来，成为参会者独特的会务体验。

会议只有两天，参会者 2 000 人，打破时间和空间的限制，就能做到影响力更广泛。我们分析了以往浙商大会的逻辑，新闻式前宣—现场会议—新闻式总结，发现必须打破大会在时间和空间上的限制。在反复和浙商团队头脑风暴后，我们制定了一个大胆的策略：把新闻式前宣做成大会的互动式体验，把现场会议搬到微信平台上直播互动。甚至在表现上，我们也完全跳出了浙商的传统视觉体验，更从用户角度出发做出了多元化的表现。

运用 Html5 技术和微信平台，我们设置了这样的用户体验路径：

用一个好玩的话题引出大会参会报名—把一个分论坛内容做到微信上预演—跟 Uber 合作推出参会优惠码—官方微信平台推出数字会场，实时查阅日程、嘉宾信息和观看视频直播。

令我们欣喜的是，这个小小的突破确实得到了市场的回报。我们在把大会向前延伸的时间段里，有超过 10 000 人的关注度，视频直播更是达到了 20 万的点击量。

应该说，能有这样的效果，完全就是“从用户出发”思维的成功运用。在这个设计中，我们设置了好几个用户场景：闲来打开微信，什么样的信息能抓住你，让你点进去查看，进而发现浙商大会的资讯；决定参会后，一定会焦虑出行方式，什么样的建议会让你安心；在两天的会议期间偶尔不能在会场又不想错过嘉宾精彩的发言怎么办？而正是针对这些用户问题做出的设计和解答，才会获得如此多的用户回馈。

传统会展、公关、活动未来会发生怎样的改变？用 THINK PARK 打开就对了。

传统的打开方式是这样的：

客户→执行

在互联网时代，这种方式的弊端正在逐渐显现出来：活动影响力缺失，现场参会人员活跃度不高。

而 THINK PARK 的打开方式是这样的：

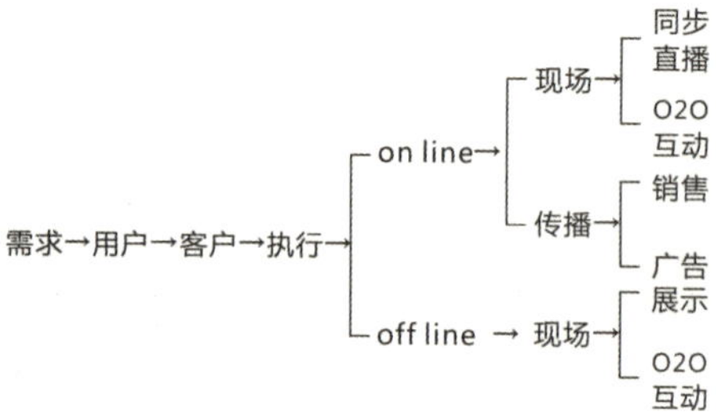

于是，你可以看到，我们已经不是简单的供应商，而是合作商、协办方，在某些时候，我们更是合办方，甚至是主办方。

那么，在未来，传统的会展、公关、活动，在面临参会者、赞助方、场地等方面更多选择的竞争时，或许 THINK PARK 的打开方式是正确的方向。

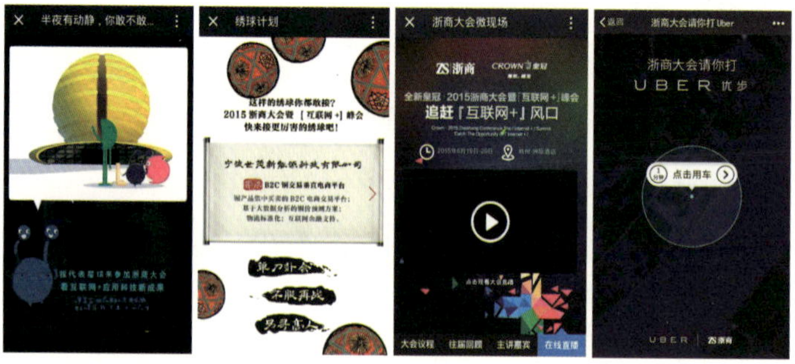

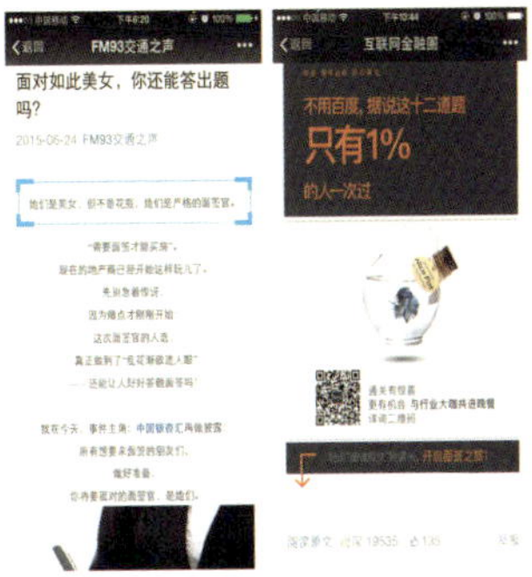

中国银杏汇

一切从需求出发 互联网对话艺术豪宅，擦出不一样的O2O火花

从线上到线下，调集一切力量服务于需求

中国银杏汇，世界级湾区——钱塘江之江湾上的奢侈品级地标艺术豪宅，择址中国美院之江校区旧址，秉承着对当代建筑艺术信仰的坚持，以重新定义一座城市的地标。

银杏汇团队在拥有满足自己追求的“作品”的时候，希望更多的人可以了解它，并希望寻找到200位高素质、高追求的核心目标客户。我们根据客户的诉求策划符合项目尊崇感的面签活动：通过寻找素质美女面签官—线上面签H5—线下礼品斗鱼瓶领取—专车面签，一步步推进事件的发展；通过传播矩阵持续保持活动热度，提升传播力。线上线下的全案策划及执行，传达了中国银杏汇追求至高的服务理念，以及寻找并聚集改变世界的理想家的希冀，也丰富了我们在“互联网＋地产”领域的探索实践。

打通资源和渠道，搭建传播矩阵实现传播的n次方效应

面签H5 10天时间内达到了10 000多次的曝光，100多人线上预约专车，线下以“致敬梦想”为主题，斗鱼瓶作为奖品，吸引具有斗争精神的理想家聚集中国银杏汇。

此次面签活动从12位素质美女面签官选拔开始就和校园APP（11点11分）合作，极力提升活动效果。线上传播端，基于官微，积极沟通综合类（都市快报、FM93等）、垂直类（今日房产、互联网金融圈等）媒体大V，形成传播矩阵。媒体大V实现了近7 000的关注度，增强了传播效果。线下地推现场的线上分享引导使面签活动达到了10 000多次的曝光，传播效果显著。

THINK PARK
——三个小宇宙的爆发

郑诗婷

许欣儿 天生的创业基因

体内有个沉睡的小宇宙

创业的因子好像与生俱来地就流淌在许欣儿的血液里。不知道的人一看名字还以为会是一个娇柔的姑娘，然而他却是一个实打实的柔情铁汉。1998年全国互联网才刚刚起步，作为高中生的他已经开始探究互联网的奥妙。一开始他和普通的男孩子一样被网络游戏吸引，沉浸在一局一局的游戏中无法自拔。然而有一天，一个念头突然出现在他的脑海里。这个游戏是怎么做出来的？又是怎么通过网络呈现的？充满好奇心的他试图推开这重重叠叠的疑问，他很快开始研究起有关网站制作的技术。高中毕业时，他将自己中学的官方网站重新制作了一番，没想到得到了学校的采用。创业的因子就像一个沉睡的小宇宙在他体内有了苏醒的迹象。

我就是想要创造，想要做大做强

2001年他进入浙江大学城市学院广电系学习，担任第一届班长。大一时参加文艺会演，在广电系推送的舞台剧《大话西游城院版》中，他凭借无厘头的表演一炮走红。从此，创办大学生先锋话剧社的梦想就提上了广电系的日程，身为广电班班长的他义无反顾地挑起了这份担子。他有能做好每一件事的决心与才能，广电班的同学也纷纷响应他，浙江大学城市学院第一个校园先锋剧社“声屏剧社”就这样横空出世了。充满激情的他们开始创作属于自己的原创剧本，自导自演，经过长达一年的“折腾”，他们的作品为全校师生带来了全新的感官体验，声屏剧社也在所有校园社团中逐渐崭露头角。许欣儿的踏实与整合管理天分推动着社团渐渐地壮大。2003年社团联合杭州市各大高校举办了“话剧之夜”活动，原创作品《破碎》和《偷影子的人》初次亮相；2004年联合“城市之声”举办全省高校话剧节，音乐剧《樱花树》崭露头角；2005年《暗恋桃花源》四校巡演，声屏剧社更是名噪一时，从此一发不可收。直到现在，声屏剧社在校园内外仍然是一个非常有影响力的社团，每年推出的两场大戏都一票难求。如果没有一开始的承担和坚持，没有社团运营模式的创新，想必这个社团也不会像如今这般富有生命力。

天生就要创业的人好似精力就应该是无限的。在声屏剧社如火如荼发展的时候，他对互联网的思考从未停止过。他跑到学校的老机房，想尽各种方法弄到三台淘汰了的机器，开始在寝室和老师办公室做服务器，自建网站取名为“城市理想”。他一改学校官网内容枯燥的面貌，将电影、音乐、博客、论坛等资源搬入自己制作的网站中。在新浪播客都还没有出现的时代，同学们已经纷纷开始在城市理想博客上写文章，在论坛里互相跟帖争做版主，甚至还有同学在这个网站内开辟了写诗和向人表白的板块。这几乎成了整个学校最受欢迎的网站，同学们纷纷登上这个网站下载资源，网站的浏览量逐渐增加，高度频繁地点击使那三台老古董简直像要寿终正寝的老人不堪折磨，愤怒地发出“咯咯咯”如骨骼断裂的声音，最后干脆一天死机好几次。然而在他的带领下，这批草根管理员们并没有放弃，继续顽强地运营着这个网站。这也充分验证着内容为王的真理，跟“一夫天下”抢夺电影首播和更新量成为每天早上6点钟的必修课。虽然没有好的硬件设备，也没有学校丰富资源的依傍，他仍带领着一帮人在战斗。哦！他的战斗不是为了赢，而只是为了战斗。

一切从心的经历，只为等待机遇与爆发

2005年杭州电视台少儿频道刚刚成立，正值毕业实习的许欣儿成功地进入该频道实习。半年的实习时间，他也说不出来是一种怎样的感觉，好似冥冥中这份工作不该

是他的归宿，顺从内心，他选择了离开。2005年年底他进入全国十大策划机构奇正顾问，跟着他的老板一起做起了空中飞人，那一年，他们跑了全国20多个城市。也正是在那一年，通过走访数十位企业家，初入社会的他重新认识了商业世界。

2006年年底，浙江广电集团找到了他，希望让他对网站进行全面改造。这并不是一个偶然的机会，许欣儿在大学时就已经在校外组建团队承接广电门户网站制作业务。2007年他离开了奇正顾问，与两个小伙伴创立了杭州澜景网络信息技术有限公司，承接了浙江广电门户CZTV的改造工程，这也就是现在"新蓝网"的雏形。对互联网天性敏感的他走在了互联网时代的前端，带领公司进行一些流媒体的技术开发。公司的日益发展得到天使机构的投资，2008年团队成功融资1 000万元，创立浙江联存网络科技有限公司，主攻互联网分布式加速CDN服务，国内主流的门户、视频、游戏平台成了他们

"云栖大会"的前身是已经连续举办5届的"阿里云大会"。6年前，400位草根站长"窝"在杭州海外海宾馆，探讨和分享云计算、大数据的业务发展和未来。6年后，新一届大会因在杭州云栖小镇举行，正式改名为"云栖大会"。近20 000名开发者报名，逾3 000家云上企业到场，浙江省省长李强、杭州市委书记赵一德等出席并发表重要讲话，阿里巴巴集团董事局主席马云、阿里巴巴集团CTO王坚、阿里云总裁胡晓明等来自阿里集团内的大咖们悉数出席。

思库创意负责两天会议活动的16个分会场35场分论坛的安排事宜。团队夜以继日不畏辛苦地工作：从方案策划到活动准备。为了更好地表达主办方诉求，团队一部分人马与阿里员工组成临时小组在阿里园区联合办公整整17天。最终，活动圆满成功，阿里实现了"计算，为了无法计算的价值"，思库创意也再一次证明了"团队——无法计算的价值！"

的主要客户。不断地思考与突破,公司在这一领域一直做到了全国第三的水平。随着YouTube被GOOGLE重金收购,联存自主研发的流媒体加速技术引起了全球最大的两家投资机构——IDG与软银的注意,两家机构合伙人先后找到他们想进行投资。他们将自己的想法淋漓尽致地展现了一番,但因为团队人员太年轻,没有电信业从业背景,投资人最终选择对排名前两名的Chinacache和蓝讯科技进行投资,这又印证了可怕的二八定律。机会跟他们开了一个玩笑,也留下了最珍贵的创业经验。

互联网的憧憬破灭,人生谷底也要从头开始

创业的因子在刚毕业两年的他身上已经爆发出了如此强大的能量。然而新的想法总是在深夜里如雨后春笋般涌现在他的脑海里。他开始想,如何将现有面向B2B市场的视频加速服务拓展到广阔的B2C市场,为什么不将网络上那么多的视频、音乐资源搬到电视上呢?他立马开始研究起传统的机顶盒市场,不久后就推出了自有平台的网络机顶盒产品,并开始与一些网络公司谈资源整合。但是世界哪能容忍这个天赋异禀的少年如此一帆风顺呢?2008年的一场金融风暴席卷全球,公司的资金链全部断裂,残忍地将这个想法扼杀在了摇篮里。四年后,在乐视和小米的轮番营销轰炸下,网络机顶盒才开始为人所知。

短短的时间内上千万的投资化为泡影,全球的互联网市场也进入一个低潮期,让对互联网憧憬万分的许欣儿心灰意冷。此时网易、阿里、新蓝网等都邀请他加入他们的团队,然而都被他拒绝了。2010年精神低迷的他通过同学介绍,抱着玩一玩的心态进入公关会展行业,这是一个陌生又熟悉的行业,他决定从基层的执行岗位开始。从执行到客户经理到客户总监再到副总经理,这样的岗位飞跃他只用了一年时间,这可以算是这个行业的奇迹了,全行业都在讨论这个初出茅庐的小伙子。做了两年半以后,随着对行业了解的深入,他对这个行业进行了更加大胆的想象,创业的因子异常活跃,令他兴奋不已。他又按捺不住创业的欲望了,就好像一只翅膀大得碰到边壁的鸟渴望冲出牢笼寻找更大的生存空间。终于,他还是离开了这家公司。

未来已来——新时代·新经济·新领袖 2014 首届中国民企少帅大会。浙商少帅会由一批浙商领军企业中即将从父辈中传承衣钵的二代掌门人组成，他们通过各种活动相互交流学习，寻求新的发展与创新！浙商少帅大会是一年一度的盛会，在特殊的时代背景下，思库创意也将“未来已来”的主题充分融入活动整体当中。大会圆满落幕，在浙江乃至全国都造成了巨大影响！

我想做的不只是创造，而是颠覆

2012 年 6 月，他与大学室友兼好友姚炜共同创立了思库文化创意有限公司，公司业务从做公关会展策划活动做起。前两年的工作经验使他们在这一行里游刃有余，两位年轻人想把这家公司定位成事业的基础。要问他们最大的武器是什么，那就是对客户需求的深度挖掘，以及践行初心的梦想。他们很快积累了一批强大的客户群，如阿里巴巴、可口可乐、浙江日报等。2015 年 3 月，在阿里巴巴全球供应商合作伙伴中，阿里巴巴为思库创意颁发了“使命必达”奖。但爱创造与突破的心总是折腾着他，令他不安于现状。

2014 年年底，随着公司业务的不断扩大，以及“互联网 +”概念的提出，他已经不满足于现在的发展模式：永远的线下执行只能成为人力及劳力的输出平台，这个公司即使再强大也只能成为一个传统商业模式下再寻常不过的公司。他终于明白，他想要做的不是在这个行业里创造一家公司，而是要彻底地改变这个行业，他要颠覆已有的传播策略和传播方式，做一家社会化整合传播机构。他与做线上传播的门玛互动的郎景云一拍即合。

2015年6月,两家公司正式组合为THINK PARK传播机构,在长三角地区建立一家真正的社会化整合传播机构,以社会化营销和公关活动为突破口,真正从线下到线上实现传播领域的O2O模式。三人开启了新的创业阶段。

故事还在继续,谁都不知道这些创业因子明天会在体内发生什么样的化学反应,谁都不知道明天又有什么新事物或者机遇出现,谁也都不知道下一秒谁会走在这个时代的风口浪尖上做引导者。但有一点我们知道,成功者总会不断寻找那些潜伏在体内的独特因子,意识到天赋所在并努力将它发挥出来。一切的创造与机遇不是一场异想天开的偶然,而是要有做好一件事的坚定信念配上沉着冷静的判断力以及长久积累起来的丰富阅历,及时的行动与总结式思考的结合才能让走的每一步都看到属于未来的希望。

姚炜 人生的反思者

亚里士多德说过这么一句话:“人生的最终价值在于觉醒和思考的能力,而不在于生活。”我觉得这句话用在姚炜身上再合适不过了。一个人不管处在浪荡、挫折还是安逸的时候,都应该对自己的生活进行反思,做出一些改变,而不是沦陷在一成不变的鸡零狗碎中。姚炜就是一个典型的反思者,他的人生就是在一次又一次的反思中发生了重大的转折。

说起姚炜,一张英俊的脸庞和精致的五官曲线就会立马浮现在眼前,健壮的体格配上精准的三分球技术,使他在篮球场上成为一道帅气的风景线。拉风的外形丝毫没有掩盖他想要拉风的内心。2001年刚步入浙江大学城市学院广电系的他,解脱了高中时代的束缚,开始肆意地享受大学自由的生活。大一上半学期,他几乎每日每夜都泡在网吧打CS,除了英语课几乎翘过所有课程,当然除了英语课几乎每门课都处在及格的边缘。“游手好闲”“放荡不羁”的形象立马将他与周围刻苦学习的同学们拉开了差距。

半年的时光匆匆过去,回首这半年,姚炜竟然找不到关于自己的任何回忆。大一寒假的一个深夜里他突然焦灼难眠、清醒万分。他想,如果再这样不务正业下去,一个又一个的半年就会飞逝而过,而自己的大学四年也将毫无收获。他决定改变!他想到学校里的摄像机和剪辑房的相关设备硬件齐全，但却还没有一个与自己专业相关的社团，于是他决定创立一个专门给广电学子熟悉设备、进行实践的社团。这个想法很快就得到了学校的支持，大一下半学期他创立了自己的广电工作室，取名为“零壹广电工作室”。他说自己是01级的所以取名为零壹，这样后世就会记得他们。想想这样的处心积虑也将他“拉风”的念头揭露无疑。

很快学校里出现了一批扛着摄像机到处游荡、随意拍作品的男男女女。“当时我们的女生比较多，你可以想象那个年代扛着摄像机的女孩有多拉风吗！”他激动地说道。在他的管理下，这个社团很快壮大起来，自发地组织去西湖、乌镇等地方拍摄外景，也拍MV，后来为学校外语系的很多活动做摄像记录，学校来明星表演也都是他们去拍摄记录。大一暑期的军训，学校安排他们脱训，请他们为军训拍摄视频记录军训情况。在炎炎烈日里，所有人站立军姿不动，只有他们在众人艳羡的目光下扛着摄像机到处奔跑。

弄得风生水起的零壹广电工作室果真让姚炜名声大噪，也提高了他在院里的影响力。大二的暑假，学校要安排尖子生去新加坡交流实习。姚炜各门成绩都在及格边缘，只有英语成绩十分突出，但他凭着自身的影响力，最终通过面试，混在“学霸”群里赴新加坡交流学习。

那是2003年的夏天，非典病毒的阴霾笼罩在杭城上空，整条大街空无一人，他出门办理了护照签证。9月份到新加坡时被要求隔离一个星期，在此期间不准进入学校，他就在学校外面游走。这时学校打电话给他，希望他能够在学校成立一个电视台，帮学校做一些校园新闻与官方宣传。于是在被软隔离的期间，他徒手设计了电视台的建构框架与发展规划，还刻意在广电工作室与电视台工作室之间画了一条界线。12月他回到学校，这时的他已经大三了，在一个简陋的房间里，城院电视台就这样成立了。之后的每次国家、省、市级领导到校视察与调研，都是他们拍摄做新闻，并将信息上传至学校官网。现在，城院电视台依然是学校重要的宣传部门，而他当初设想的希望在食堂放置电视机播放校内新闻的愿望也实现了。

大三暑期的7月份，他有幸进入杭州电视台的专题中心实习，参与中国电影家协会在宁夏举办的金鸡百花电影节，进行“中国百年故事”的专题片制作。8 月份他在广厦集团的房产宣传部实习，也是在那时候他开始深入了解商业策划活动。

大四时，他通过面试进入杭州电视台少儿频道做摄像工作。从早上 5 点多到下午 5 点多，他一直扛着摄像机工作，从没喊过累。然而在这井然有序的生活里，他又开始反思了：如果我这辈子只做一个摄像，那我就永远只能听从别人的指挥，我拍摄的所有画面都是别人的构想！如此被动的生活不是他想要的。他决定做一名记者！这时候的他更加锋芒毕露，虽然只是一名实习生，但他已经开始带大三的实习生，尽心尽力地将自己的学习所得教给他们。这也开启了他七年的记者生涯，他总共带过二三十个实习生，这庞大的数量是电视台里的一段神话。并不是他主动要带，而是很多实习生因为他的踏实与用心慕名而来。七年的磨炼，他跑过教育线、法治线、金融线、政府线与体育线等，逐渐养成看待问题更加现实、细心、全面与深刻的习惯，判断力也更加准确，有着能与不同人群沟通的能力，也更具有忧患意识。

阿里妈妈是阿里巴巴公司旗下一个全新的互联网广告交易平台。通过跟需求方连续几轮的沟通和磨合，思库创意提出了以“遇见阿里妈妈武林大会，YU 见未来”为主题的创作理念，将“YU 见”做了整体延伸——预见、遇见、欲见、寓见、娱见以及宇见……

此外，活动现场将科技感十足的主视觉元素合理应用到邀请函、指示牌等一系列会场设计环节当中，大会过程还运用了二维码签到、照片甩酷墙、互动展位区等技术，增加了大会的可看性以及互动性，令人印象深刻，也得到客户的高度认同。

在采访生涯中，给他印象深刻的有这么一个小偷，偷了18年，每次被放出来之后会继续偷然后再被抓进去。作为一根老油条，他在法庭上趾高气扬，丝毫不悔过，面对团团包围他的记者他竟然有一种享受聚光灯的错觉，各路记者的提问都伤及不到他。但细心的姚炜在法庭上了解到，他有一个女儿，这时初为父亲的姚炜毅然拨开人群，掷地有声地问他："你18年来一直偷一直偷，你有多少时间陪过你的女儿？"这句话如同一道闪电般劈开了所有的记者，也劈开了那个小偷的内心，他的眼神开始暗淡柔软了下来。

2011年1月，他与他的老同学许欣儿在西湖边碰面吃饭，许欣儿邀请姚炜加入当时杭州一家比较大的公关会展公司。此时做了七年记者的姚炜已经是杭州电视台的首席记者，安定幸福的生活令他知足，于是他婉然拒绝了。

然而2月底的时候，他突然得知了一个消息，他有了第二个宝宝！这个意外的喜讯让身为父亲的他又陷入了沉思，如果自己继续过这样安逸稳定的日子，那么就算看到头他也就是个电视台副总监。看到头的日子对他来说就如同看到自己死亡日期那样令人惶恐，为了给孩子一个更好的生活环境，他决定改变！他说这也是创业者的另一个特质，不安于现状，恐惧看到头的人生。在众人的惊诧下，他离开了电视台。

2012年6月，他和许欣儿一起创立了思库文化创意有限公司。2015年6月与郎景云一起整合成立THINK PARK传播机构。

七年的媒体经历，姚炜的全面思考能力、判断力与忧患意识出类拔萃，众望所归地充当了公司风险把控者的角色，他就像背后的一只大手牢牢抓着企业前进的节奏。"我们三个人里，他最适合当CEO，我们两个人异想天开有着创造的狂热，而他却是一个风险的把关人。"创业搭档郎景云这样评价他。

姚炜说创业者的特质就是习惯与群体不同，习惯于不安分与看不见的未来。而我想说其实他的性情里就是喜欢"拉风"，他的每一次反思都是为了"更拉风"。这并没有什么不好，顺应自己的心性，努力就会创造一份奇迹。但前提是，对自己人生一定要有阶段性的反思，不论你是顺境也好逆境也好，永远不要忘记自己是谁、想要什么。

麦吉士合作伙伴大会是浙江麦吉士食品有限公司麦吉士品牌获得融资后的第一次全新亮相，思库创意从品牌营销的理念、活动形象包装、内容展示以及流程编排上给品牌注入了全新活力，令现场所有经销商第一次感受到品牌的全新文化。这是在食品行业罕见的品牌包装，同时杨幂的到场以及现场互动给品牌的传播带来了巨大反响。

郎景云 创业爱好者

第一次见郎总，就知此人不平凡。头上扎着个小辫子，宽松的T恤衫配上一条五分裤，穿着人字拖，随性慵懒地推开了茶馆包厢的门。“学妹，不好意思啊，我迟到了。”那天的运河细雨飘飘，一阵随意的艺术气息好像就这样被他带了进来。

“没事，听说你有一段血泪史，不妨说来听听？”

“哦。就是血、泪和‘屎’啦……”

高中时就特立独行

郎景云，天生爱幻想，高中时候的考场作文写的都是一些天马行空的科幻文。高三的时候，老师把他所有的考试作文装订起来，班级同学人手一册，为的就是调剂一下同学们紧张的气氛。那时的他总是穿着一条破洞牛仔裤，有一天班主任对他说：“诶，你怎么穿得像一个做广告的……”好巧不巧，这句话却在他心里埋下了一颗种子。我真的适合做广告吗？这时他开始深入地了解广告，无心插柳柳成荫，最后这个总是充满奇思妙想的男孩儿给了自己肯定的答案，他想他是真的适合做广告！

喜欢什么，就创什么

2001年的秋天，他顺利地进入了浙江大学城市学院广告学系。抱着对广告的激情，他号召了一帮人成立了air工作室，不为别的，就为画海报。他说air象征着“智慧”、“勤奋”和“富有”。然而，这一帮纯粹的学生绝对不会想到，在一次杭州市领导来校视察时，他们创作的贴在学校操场海报栏上的当天新闻的配图，赫然被登在了当天《今日早报》的头版头条上。意外的收获像一把烈火燃起了他对广告的热情，他们再接再厉，air工作室最后成了学校最好的独立海报创作工作室，几乎学校各大活动都会来找他们制作海报。

大三时他在学校创立了广告协会并担任会长，大四时他说，他要在学校举办一个“杭州市城市logo设计大赛”。别看这“杭州市”的名头挺大，还真让他给办成了。他找到了当时的院长鲁世杰老师，向他道明了自己的整个想法，没想到鲁院长对他的想法颇为赞许，给他签了字。于是他底气十足地拿着院长的“手谕”去找分院老师，并拿到了4 000元的经费支持。就这样，他成功地创办了浙江大学城市学院第一届“杭州市城市logo设计大赛”，几百份参赛作品就是对他最好的认可。

想什么就创什么，他一直貌似是这样的一个人。大学时的他喜欢打篮球，可总是没有机会上场打比赛，他很懊恼。这可怎么办？如此率性的他想，那就自己办呗！他竟联合杭州市各大高校的广告学专业，举办了杭州市广告学专业篮球联赛。“这样每场比赛我都可以上场啦！”他开心地笑着说，那样子就像一个充满童真的小孩不懂得拐弯一样，想什么就争取什么。在他眼里，即使再微小的想法，只要你肯行动，好像没有什么是不可能的。

杰出的广告人素养

在校园社团里春风满面的郎景云丝毫不耽误专业学习。大一时他就开始在杭州各大广告公司实习，可是杭州当时的广告水平有限，要实习，就要去最好的公司。于是，大三时，他伙同几个同学，买了票，南下，去往改革开放最前沿、广告发展前景最好的地方——广州。刚到广州，他就拿起了本地4A公司名录，一家一家上门求职。

在他面试第一家广告公司的时候，当时的面试官吹捧了一下自己的公司有多么多么厉害，并以傲慢的口气告诉他不是什么人都可以进的。“这样吧，我给你一个主题。你回去在24小时内写出关于这个主题的100个创意，没写完就不用来了。”他随意地丢了这么一句话，瞥都不瞥郎景云一眼，就这样把他打发走了。

年少的怒气瞬间爬满了他的全身。不服输的他，把自己关在一个小房间里，写不完不准出去。一开始灵感多多，几秒钟就想到了一个，随手就写了20多个。然而创意哪那么好想，紧接着他就好像进入了创意构思的瓶颈期，跟挤牙膏一样艰难地挤出一个又一个直到脑子空白。但是他坚决不放弃，他暗暗地跟自己较劲，想不出来也得想，怎么说也得争一口气。最终，一个又一个的创意艰难地出世了！

第二天，他将满满的一百个创意扔在面试官面前。面试官拿起笔，认真地划出了十个创意，对他说：“哦，这十个不错，我没想到你还会再回来，所以你打算什么时候入职？”然而令面试官没想到的是，郎景云甩门而出，留下一句“再见！”在他空荡的办公室里回响。

回顾这段经历，郎景云说，我虽然看不惯他的人品和待人接物的方式，但是想创意的那个晚上依然令我受益匪浅，我觉得每个广告人都应该经历这样一个从想不出到想出的过程。一个广告人每天都得让自己能够想出二三十个创意，否则他就会被淘汰。

完美浙江分公司十周年庆典是完美集团在浙江地区首次举办万人规模的活动，思库创意从创意、设计、编排以及活动管理几大方面，完美诠释了品牌十年历程，整场活动参加者有13 000多人，场面井然有序却又不失热烈！得到主办方的高度认可。

就是凭着这股子劲，他在广州顺利地进入了另一家4A公司，并从此走上了广告之路。于是，三人行、DRAFTFCB、电通、奥美，都留下了他的足迹，他在25岁的时候成为黑弧奥美历史上最年轻的创意总监。

可见那时候的他就有着杰出的广告人素养，他那取之不尽用之不竭的创意也为他的创业奠定了基础。

创业爱好者，年轻过，也再来过

不想打工，想当老板。2007年他与人联合创立了杭州秀泰广告公司。在那年的某个午后，他突然嗅到一个商机，他觉得可以在机场做新媒体！他觉得可以在候机厅的休息区里设立移动电脑+广告位，这个想法得到了华瑞投资的认可并与他们洽谈投资合作。巨大的认可使这批血气方刚的男孩儿热血沸腾，他们马上起草了更为完善的商业策划书，计划在全国15%的机场设立广告位，抢占中国80%的机场传媒市场，也直接导致融资资金不断飙升，达到2 500万美元。然而年少轻狂的他们却被泼了一瓢冷水——这份策划书最终被狠狠打回！投资商这样评价他们："too young！你凭什么能让全国15%的机场配合你呢？你的优势和资源在哪里？怎样面对竞争？"就这样，这家公司最终以融资失败而夭折。

2010年，他决定卷土重来，在杭州创立了门玛广告公司，主营房地产全案营销。三年的创业时间里，公司成为绿城、万科、华润的战略合作伙伴。公司虽然渐渐发展壮大，但随着互联网的飞速发展，他感到市场在渐渐发生变化，也仿佛渐渐地失去了当初对广告的热情，他开始慢慢地意识到自己并不是单纯喜欢做广告，而是喜欢创造！喜欢颠覆！喜欢把一件事情从无到有做成的满足感！继续待在房地产广告行业就意味着他对一个即将到来的互联网时代产生不了任何影响。几番挣扎，他最终决定另辟战场。

他还是想继续创业，于是决定去更大的世界寻找自己。创业的热血在他的身体里流动，为了得到足够的资金，他甚至把父母的房子抵押了100万元开始北上。2012年他来到北京，站在灯火璀璨的北京街头，望着车来车往的街道，他握紧拳头，暗自决定此行一定

浙江太古可口可乐饮料有限公司 25 周年年庆是一场具有传承意义的盛典，思库创意将太古企业文化融入庆典布置的所有环节中，使晚会成为结合创意性和参与性的杭州红色盛典！

弧形瓶作为可口可乐独一无二的形象，至今已进化出了 7 个版本。在不断改良与进化中，弧形瓶也诞生了许许多多有趣的小故事。值此弧形瓶百年之际，可口可乐举办弧形瓶创意大赛。我们在推广大赛的同时，将弧形瓶的进化史融入其中，用 H5 的形式，在提供线上报名的同时，将可口可乐独特的文化一并传达给用户，增强了报名的趣味性，也更加易于传播。

要做一番大事！敏感的他在这座陌生的城市里嗅到了一丝商机，他决定拿钱投资北京汇剧传媒，做电视剧淘宝。在制播分离还没有开始盛行的年代，他已经敏锐地触及这根敏感的神经。然而传媒领域根深蒂固的体制无情地给了他一记响亮的耳光！2013 年，又一次创业失败的他回到了杭城，什么都没有了，除了那两三百万的巨额债款。

人生跌入谷底的他，沉默不语。他来到城西一幢高楼的顶楼。站在天台上，冷风灌入他的身躯，他俯瞰着这座城市，整座城市就像一只贪婪的怪兽想要吞噬掉他，他终于知道了自己的渺小，他终于知道被逼到死亡的边缘是一种什么样的感觉。

我到底想要做什么？一个巨大疑问笼罩着他。2013 年，这个疑惑终于打开。微信开始盛行起来，千疮百孔的他终于撞上了移动互联网时代，这或许才是命中注定属于他的时代！那天，他开着车，开着开着就毫无预兆地放声大哭起来，他终于找到他喜欢且想要专注做的事了，激动的泪水强烈地诉说着他内心的独白，吓得坐在他副驾驶的夫人立马劝他停车。于是，在全家人的支持下，他再次创业，创立了门玛互动 social park 公司，主攻社会化营销和传播。在吃了微信营销的头口水之后，机遇终于把他、许欣儿和姚炜联系在了一起，门玛与思库，不如一起 O2O 吧！于是，极其迅速的，在 2015 年 6 月，两家公司整合成立了全新的社会化整合传播机构 THINK PARK！

“我的经历比较复杂，起起落落的，最好的兄弟都叫我创业爱好者。我很喜欢创业爱好者这个称号，这对我来说既是一种讽刺，又是一种鼓励吧。毕竟我是真的很喜欢创业。”郎景云这样评价自己。

为什么是他们三个走在了一起？

郎景云：我们三个性格比较互补，许总和我是属于异想天开型的，有创造狂热症的人；姚总是风险把控者，在背后拉着我们。我觉得我们就像一个背靠背的组合，各自只要专注地守住自己的战线就好了。不用担心背后是否有人捅你一刀，也不用担心别人战线上的事。

许欣儿：我们三个早就认识，但是走在一起不是因为强求的结果，而是因为时机到了。我们两家公司刚好能够短板互补，就自然而然地走在了一起，最关键的一点是我们有共同的价值观、目标与信仰。

中国期货分析师大会属全国期货行业两大高峰论坛之一，这是思库创意与其连续合作的第三年，我们助力主办单位中国期货业协会将本次大会主题打造成高规格、高影响力的一次活动，从而使活动每一年都有巨大突破，无论从视觉还是环节，都成为备受行业关注的一次盛会！

他们目前最大的成功在哪里？

姚炜：我们还不是创业的成功者，我们离成功还是太远太远了，我们只是一直在追求成功的路上奔跑。THINK PARK 的成立是我们创业的新阶段，我们要做的是行业的颠覆与创新，未来怎么样，我们一直在摸索与前行。

创业创的不仅仅是“业”，创的也是一个新的自己。创业者的特质就是习惯与人群不同，也习惯孤独，一个想法越不被大多数人认可，越让他们感到兴奋。他们习惯于不停地突破自己、不停地突破现成，习惯于看不见的未来。你猜，他们下一秒又将会创造什么？

【访谈手记】

一直觉得自己非常幸运，在大二的时候就有机会接触优秀的学长们。这三位厉害之处自然不用多说，让我感触最深的还是他们非常热心地配合我的工作，不管我提出多么幼稚的问题，他们都会不厌其烦地跟我解释再解释。中途他们也会告诉我一些关于市场与传播的知识和一些为人处世的道理。我想这些都会让我受益终身。

我们第一次见面是在运河边的一家茶馆里，那天细雨带着微凉的风，傍水而建的小包厢里有一排古朴的落地窗，透过玻璃可以看到水波荡漾的运河。房间左侧还有一扇小门，打开它就看见门前小树的绿叶衬托着远处的拱宸桥，氤氤氲氲，古色古香。

首先推开门的是姚总，一进门就开始夸这个包厢景色不错，他还夸那扇小门，说它开启了新世界。我们拘谨地说了一句：“姚总好。”他马上对我们说，叫师兄就好，什么总不总的。这样一句亲切的话让我们的心情平静了不少。

第二个来的是许总，一看他面相，就给我一种“岁月静好”的感觉，我想他一定是一个内心平静富有内涵的大叔。果不其然，他默默地找了右边的位置坐下，问我们吃过了吗，随后点了三份大饺子。姚总边吃着饺子边跟我们说许总当年的飒爽英姿，然后说起了自己的故事。这时郎总带着他那股随意的艺术气息走了进来，开始说他的“血泪史”。聊天中，他们三个人开始回忆大学的点点滴滴，还互相爆料对方当年的八卦，听得我们乐开了怀。其实我以上对他们的介绍还是太少太少，他们不仅仅是某个领域的佼佼者，同时也是会亲切到跟你无话不谈的“长者”。

许总待人宽厚，虽然他总说一些超越我认知范围的事，但他总会不厌其烦地跟我解释。第一次采访结束后，他们三个人的海量信息在我的脑子里简直是一团糨糊。好几次为了确认事实我都会在微信上找他，他都抽空回复我，事无巨细地跟我说一番。

姚总幽默风趣，说话的时候还时不时给我上一课。经常的阶段性反思自己要什么，这是他给我上的印象最深的一课。为了确认事实，我在某个星期一的中午去他们公司找他，他在办公室里点了支香还泡了壶茶给我，日理万机的他几乎无法将频率调到跟我一个频道上来，但他还是努力地将细节向我娓娓道来。这样磨蹭了他一个小时，我暗自思忖，不知道让人家损失了多少时间成本。

郎总的血泪史其实我听下来是十分感动的，创业失败时自己的重整旗鼓、家人的肯定和妻女的不离不弃都让我动容，“家和万事兴”是他给我的最大感触。毕竟有多少孩子的梦想被扼杀在父母的“凶残”里，多少对恋人又因为利益变迁而各奔东西。

从他们身上我也了解到他们对传播的一些新想法，知道了校园外的世界原来那么大，新的想法下一秒就会出现，紧追时代的步伐一步都不能错过，我要努力的地方还有很多。

那天晚上聊到忘乎所以，转眼就到了十点半，为了赶学校的门禁，我们匆匆离开。在运河边的小路上我开始奔跑起来，饿着肚子，心里却是充实的。夜晚的杭城灯光闪烁，运河里水波荡漾，但我好像在这座城市嗅到一种名叫希望的味道……

许欣儿 姚炜 郎景云

杭州思库文化创意有限公司 &
杭州门玛营销策划有限公司

创业既是一种个体行为，也是一种社会行为。而对于由三个同学联合创办的 THINK PARK 来说，个体特质与社会化的契合，则体现为一种不断融于趋势的发展追求。如果一定要给这三位创业者做一个共性概括，那就是他们身上都潜伏着一种对创新的渴望和对创业不屈的追求，而这种追求又因为彼此涵容的互补达成了某种默契。THINK PARK致力于数字信息环境下的营销传播，我比较感兴趣的是他们三人自然而然的组合。创业毫无疑问需要个人的天赋，但在社会化合作越来越被倚重的时代，能不能更好地合作实际上还意味着是否具有分享精神和对共同使命的担荷。詹姆斯·柯林斯在《追求卓越》中说，基业长青的公司未必有什么宏伟的规划。但我想任何一个公司要永续发展，则必须保持创业的基因。也许这就是 THINK PARK基因中共同的价值观。

（点评：卫军英）

Bounce 中国

（杭州柯睿品牌管理有限公司）

创始人

李　柯

BOUNCE

李柯的创业故事

李　柯

李柯，新兴运动品牌 Bounce 中国区主理人，2010 年成立杭州柯睿品牌管理有限公司，全权运营新兴运动品牌 Bounce，其后创立和运营体育产业赛事品牌 Ballcity，渠道品牌 The CASA，培训品牌 Triple Threat，致力于打造体育产业全产业链的优秀运营公司。

创业历程

我的创业故事准确地说开始于大学时代。大学期间，就读于广告学专业的我就开始了和体育品牌相关的社会实践，毛遂自荐为当时浙江万马篮球队的市场开发和营销推广服务，把万马队带入城市学院做球迷活动；中期实习去了上海奥美互动公关，其间参与了 NBA 球星麦迪来沪的阿迪达斯公关活动；以及在各类街头篮球赛事活动上的执行参与，积累了大量体育圈的资源和渠道。我在 2006 年大学毕业后赴美国攻读商业传播研究生，在美国期间不仅领略了真正的体育大国各层级体育市场的方方面面，更是在课余当起了美国休斯敦中文报纸驻克利夫兰的文字记者，一直持续到 2008 年毕业回国。

回国后我各处工作，历经了一年半后，还是割舍不了对体育产业的那份初心，毅然决然地回到美国，联络起当年在北美留下的体育圈人脉和国内资源对接创立了 Bounce

品牌。由于我在美国从事记者工作,有很多机会能接触到 NBA 球员和球队工作人员,我有很多渠道拿到球员的比赛球衣,慢慢地变成了网络上小有名气的球衣收藏家,创立 Bounce 品牌,以美国模式的球衣定制作为业务切入点,球衣定制业务现在已变成 Bounce 品牌的拳头业务、行业的标杆、细分市场的领导者。

接下来讲讲品牌推广、公司运营以及产业发展的一些经历和感悟。从 2010 年年底到现在,创业已经持续了四年多,从无到有,从粗到精,从简单业务到产业布局,每一步都是自己亲力亲为。在我从事这个行业初期,个人的经历、诉求和我对体育产业的理解使我对福建系品牌有着天然的求异心理。以美国产业标准要求和指导具体的品牌规划、推广、产品研发和生产,中间最大的痛苦经历就是当某些外包业务,特别是生产代工不能满足我自己心理期望值的时候,无数次地返工,永不停止地与工厂交涉、争吵,这些年已把我从一个传媒传播专业背景出身的人锻造成一个产品经理和生产管理者。长期对品质的坚持和工艺的改进,使得现在的产品具有跟国际品牌一较高下的水准,奠定了品牌发展的根本基础,在前沿时尚的运动产品消费者中有一定的好感度,以至于现阶段已经有大量的山寨冒牌产品出现。

作为品牌发展的根基,当产品设计和品质有了一定水准后,我积极地发挥传媒广告专业的教育背景优势,大量运用大众传媒、互动媒体和线下活动,在中国、美国、日本、印度尼西亚等国家的细分市场大力推广品牌,特别是大量的业余街头篮球比赛,更把品牌的知名度和好感度提升到了一个新的高度,并创立专门的赛事品牌 Balcity,促进良性循环。

长时间对运动产品和品牌传播的积累和理解是我运营品牌的基础,但是近两年来我对公司业务的扩张和产业发展有更多的感悟。2011 年中开始,我已经对快速发展的 Bounce 品牌未来之路有了一丝担忧,以定制为特色的业务带动大量销售的模式很快遇到行业命门——代理商订货制的库销比。我花了大半年时间想了一个模式解决这个问题,于 2012 年年初开始开发一个以“体验店 + 售卖机”的会员定向销售模式,来解决下单、进货、订货的问题。在杭州市建国北路开了第一家实体店后,由于后期售卖机项目研发的失败,使得整个项目陷于半瘫痪状态,项目又开始往健身房、运动场和零售店结合的模式发展,改革零售业务结构,向现在的信息化平台模式发展。

其实就我的性格来说，我从来不是一个管理者和行政人员，一直到现阶段，我还是更像一个创意人的角色，无论产品、品牌还是策略。所以当公司发展到一定阶段，我也开始外聘职业经理人，使自己能安心回到创造的事务上。自从开公司后我也越来越会以财务导向业务的模式来思考和开展项目，合理的成本结构和财务模型是衡量一个具体业务和项目的最关键标准。企业管理上我更推崇美国式的扁平化管理，但是又需要在国内雇员的价值观念下做不少协调，对效率和标准化的提升是永远的课题。

对于创业，我自己的感悟反而不是早几年自命不凡的天赋和职业背景，也不是所谓的产业核心竞争力，而是回到一些最根本的品质，比如勇往直前的勇气、克服困难的韧性、有信念的坚持和责任使命感，我也不会为现在过于浮躁的大环境所影响，安心做好自己，认真做好产品和服务，十年磨一剑。

品牌介绍

Bounce 不局限于自己是一个传统的运动产品的品牌,而是把自身定义为给运动爱好者提供更优质的产品、服务和体验,创造更有趣有效的平台和渠道,让运动激励和超越人生。

官方网站:www.bounceworldwide.com

www.bounce.com.cn

weibo.com/bouncecn

业务介绍

1.产品品牌 Bounce

作为整个公司业务的根基,Bounce 品牌已经从无到有发展为运动品牌细分市场的有力竞争者,用四年的时间确立了篮球服及其他相关定制产品的市场领导者地位和行业标准。通过在全球自办和赞助各层级的赛事,球队和球员都穿上了独具特色的定制球衣,其中不乏麦迪、阿里纳斯、奥卡福这样的 NBA 球星。也有现在已经入选 NBA 的当年全美顶级的高中生、中国篮球名宿、CBA 各个球队的职业球员，甚至还有我当年服务过的浙江男篮的老队员们，以及更加数不清的 CUBA 球员、草根明星和广大篮球爱好者。我们通过定制球衣把美式风格的运动装备带给每一个像我们这样热爱运动、热爱篮球的人们。

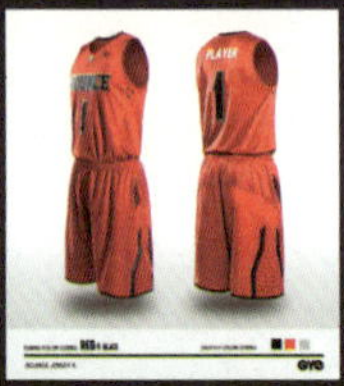

除了定制类产品，我们更开发了一系列具有传承意义的明星款产品，比如已经历时四代的巅峰之作，代表品牌精神内涵的 beat the devil 斗心魔系列，从第一代的略显粗糙的全毛呢夹克初推市场；到第二款世界末日版本推出时的名声大噪，各路文体明星潮流领袖争相上身；第三代主题涅槃是在工艺水准上的进一步提高；第四代进化主题更是扩展了产品线，由以前单一的夹克发展到背包、帽子和其他小饰品。其他方面我们把产品细化为功能和生活两条产品线，分别命名为 Bounce Performance 和 BONS Lifestyle，是解决运动功能和时尚美观为目的的运动潮流类产品。美式风格依旧是 Bounce 品牌的基因，融入运动功能和生活休闲。

同时，我们以篮球切入市场，经由两年时间的经营后开始扩展至健身和跑步等综合项目，特别是开发的迷彩跑步衫、呼吸短袖等都受到市场的热烈好评。

2. 赛事品牌 Ballcity

Ballcity（篮球）创办于 2013 年年底，以四支球队的江浙沪联赛到 2014 年的全国赛，以至于后来的印尼 LA lights 和训练营，是另一个吸引眼球的品牌。2015 年，Ballcity 更加拓展了渠道，和日本 Somecity 联盟结成战略合作伙伴，两个联盟共同组队参加美国的 Western Shootout 这样高级别的业余和职业混打的邀请赛。未来 Ballcity 的发展路线会更宽广，不仅会丰富赛制，还会整合各国更多的运动资源、展开更多样的链路来扩大影响力。

3. 顶尖美式特训 Triplethreat

这是最顶尖的专业化篮球训练服务，由 NBA、NCAA 背景的教练员为班底，是 NBA、国家队、专业队球员单人休赛季私训首选。运用美式革新训练方法辅以美国先进的器械设备以及完善的营养康复手段为保障，在短时间内快速改进和提高技术水平，增强体能储备，强化高强度对抗。

4. 零售店品牌 the casa 运动家

作为一家多品牌集合店，创立于 2013 年的 the casa 运动家杭州店出世惊艳，以典藏品展览和买手店为特色，是杭州本地运动文化的代表店铺。

5. 运动场品牌 the casa 运动场

筹建中的 the casa 运动场是集运动健身、聚会、运动产品购物、运动餐饮等一站式运动体验中心，融合 the casa 概念店。运动场包括一个室内运动功能房、一个美标篮球场、一条橄榄球训练跑道和一片室外综合训练场。

就目前体育产业发展现状来看，城市中心区域大众消费型（区别于赛事型）场馆、场地的缺乏其实已经成为制约中国体育产业发展的痛点，充分开发、改造闲置房屋、厂房和仓库等并将其转变为运动空间是解决问题的基本途径之一。在此基础上建立高效、信息化的运动组织和社交平台来推动运动生活方式养成，扩展大众运动人口以及深耕细作运动的全方位服务和体验才是做大做强产业的基本方向。

我们定义"运动家"这个概念既是代表运动的人，又指运动的场地，达到人和场地有机的结合。提升产业的深度是本项目的基本观念。

经过四年运作，各项业务的基本结构框架已搭建完成并互相关联成为体系，以品牌销售为输出，已经有一定的市场知名度和美誉度，接下去需要做的是扩大规模、开拓渠道、增加传播和输出的广度，所以球场开发和运营结合销售渠道、赛事、活动推广并提升媒体价值成为主要的发展方向。Bounce 中国未来不仅将继续加强运动细分市场层面产品、服务和体验的深度开发，同时也将更大程度地结合互联网和人工智能科技，使业务拓展更平台化、信息化、科技化。我们的愿景是成为运动市场有独特风格的伟大品牌！

我们不定义自己是下一个 NIKE、下一个 UA、下一个李宁这样的传统运动品牌，我们也不是一个纯粹的运动场馆、赛事及培训的服务者，我们要提供给运动爱好者全方位的运动体验和满足。

不变质的初级驱动力

——专属 JK Lee 的梦想属性

尹琪慧

如果要给每个人的梦想加一个属性的话，那么，我采访的这位梦想者的属性，是固执不易变质的。2002 级广告学系的学生，和浙江大学城市学院这只潜力股一同年轻着、成长着、执着着。看似特立独行不被看好的梦想，却一步一步厚积薄发，发出代表他自己的声音。

JK Lee，李柯，Bounce 品牌的创始人之一，Bounce 品牌中国区主理人。与他第一次交流是有些紧张的，不同于大多数热爱篮球的热血运动少年，在他的身上，我感受到的是在经历社会和商战打磨之后的稳重。

有一种青春叫大学

“大学四年，我在学校的大部分时间花在社会实践和参加专业比赛上，老师在专业知识和情感归属上给了我很大的帮助。我自己也参与了广告协会的很多活动，比如 One Show 之类的，当然也有不少是本行业务——体育产业的相关事务。”李柯这么轻描淡写地讲述着大学四年的生活，对于大多数还挣扎在学习考试与疯玩挂科之间的同学来说，确实是很特别的。

成大事者不提当年勇，李柯就是这样的人。在谈起他当时的实习时，他告诉我是一个学姐推荐他去了奥美上海做设计。40 天的中期实习和 4 个月的毕业实习浓缩成这样一句话，奥美可是全球最大的传播集团之一，换做见识尚浅的人，一定会津津乐道在这个行业里的种种。见识并且亲身经历过大风浪的人，才能这样平淡地描述出来吧，我心里这样想着。

采访时间正值许多同学寻找中期实习的岗位，李柯告诉我，实习中的工作态度比能力更重要，初次实习的实习生，每个人的能力都大相径庭，所以要端正自己的态度对待实习。其次，实习是一个很重要的契机，能够接触和认识现实中业界的专业操作，会对自己的专业有一个全新甚至颠覆性的认识。

至于实习和从事体育行业的联系，他表示后来是通过自己熟悉的渠道做了体育行业，大学四年与实习的影响，大多体现在对内心的塑造。“大学四年对人的心态和价值观念塑造还是有很大影响的。从大一、大二开始，我有很多主观的臆想，比如总是认为社会很美好机会很多，凭借在学校里的成绩在社会上成功是轻而易举的事。但是，在接触社会之后，就会发现理想和现实的差距越来越大。特别是专业层面，学校里和业界的很多作业理念还是会有很大的差异。”就是在这样的修正和妥协中，改变着自己的观念，形成了专属于李柯的价值属性。

四年城院，两年美国

毕业后留学美国，是李柯在大学之前就规划好了的。所以，对于前文中李柯的自述“大学四年，我在学校的大部分时间花在社会实践和参加专业比赛”，我认为他应该是截取了大学里最快乐的部分记忆吧。学英语，考雅思，都会和痛苦两字沾边，即使不痛苦，也是需要泡图书馆的。“大学时代有很多时间是在练习英文和考试中度过的，包括大学时期的一些工作也能提供不错的语言环境。”李柯对我的反驳这样纠正到。

浙江大学城市学院四年内心和价值取向的塑造，美国两年找到未来方向，确定自己喜欢的事业，值了。

生活在哪里都有问题

我问李柯：“在异国他乡生活其实应该挺辛苦的吧？”

“在哪里生活都会有问题，要看你怎么看待和面对。”这句话回答的那样分明，我可以明显感受到他的语气中的逗号和句号。仔细想想,怎么不是呢,在哪里生活都会有问题,怎么能用地域来界定生活艰辛或容易呢。

踏入大学校门之际就计划好留学美国,这是一份幸运,因为比其他人多了一个目标;这同时也多了一份艰辛,四年啊,谁也说不好按照原计划进行下去的过程中会遇到些什么,各种各样的诱惑,各种各样的瓶颈,各种各样的来自内心的彷徨……这些都在李柯留学美国前阻挠着他、动摇着他。

享受和煎熬并存的大学四年,李柯用他在学习和实践过程中慢慢建立起来的价值观,恰当地舍弃,也努力地坚持着。在满大街都是金发碧眼,各式英文充斥着的美国,李柯也在慢慢适应,不断吸收着他所向往的国家的生活态度,不断探索着人生价值。

李柯就是在满是问题和矛盾的生活中,找到了恰如其分的坚持。

我并不是玩物丧志的小孩儿

篮球,一个让无数中学生和大学生热爱的运动,对于他们来说,更多的应该不只是一种运动,而是一种对兴趣的追逐、梦想的坚持。李柯从小学就开始喜欢上这项属于男子汉的运动,可以说是彻彻底底的篮球迷,而且和集体一起为学校打过比赛。“玩物丧志”这个词,放在10年前,用来形容那些和李柯一样,为了篮球不定点回家吃饭、不好好上学的小孩儿,再确切不过了。但是兴趣这种东西,如果够强烈、够坚持的话,最终会成为什么,谁也说不定呢。

李柯的篮球梦,在很多年以后,成为他的事业。毕业后,他按照大学前的规划,去美国留学。美国留学期间,他积累的体育圈资源让他能兼职做采访NBA的记者,有一份额外的收入,这份工作让他不必和普通留学生一样刷盘子。当然,除了工资收入,他还有机会见到NBA球星。他回忆说,兼职做跟队记者最大的收获,就是积累了很多日后创业的资源。朋友圈子真的是一个很神奇的东西,好的朋友圈子可以改变你、帮助你、推你走上更高的舞台。

在留学美国期间,和李柯一起留美的小伙伴里,有人打进了NCAA(全国大学体育协会)，但是因为各种原因没有打职业篮球。NCAA 赛事，美国大学生学习之余最重要的盛会之一，是多少少年的目标啊。但是，他们就这样，和梦想走近了却又远离了，很庆幸这是一群积极努力的人，他们想要把对篮球的爱继续延续。是的，用另一种方式延续对篮球的痴迷和热爱。周边的伙伴，有视觉设计师，有篮球爱好者，有深入了解体育界台前幕后的记者，这样一群人足够组合成一个团队，所以，他们创业了。Bounce——中国新生运动品牌的新锐力量在他们的努力下成型了、诞生了。

FOR A BEATING HEART—BOUNCE

“然而在我们创业和从业的过程中发现，天赋和努力本身就是很好的武器。”

自己的品牌，传递的一定会是自己的理念和价值取向。和李柯选择美国一样，Bounce选择的是一种开放、积极的价值观和生活方式。不喜欢趋同，更喜欢定制，定制的篮球服、定制的生活目标、定制的生活乐趣……定制的另一种说法就是独一无二。Bounce传达的是对运动和生活的热爱，也致力于整合各国体育资源，并参与各类相关的活动、赛事、训练营，在其中提升运动的人文关怀和情感归属。这些，都是 Bounce 独一无二的。

独一无二的Bounce来自不喜欢走常人之路的李柯。广告学专业，实习在奥美做设计，留学美国，做过 NBA 跟队记者，最后却做了体育品牌的老总，还真是独特呢。李柯是这样叙述自己的：“学校里，行业里，生活中我都是‘反动派’，走差异化路线，不管品牌及相关业务，都是非常不愿走寻常路，美其名曰就是开拓蓝海，所以驱使 Bounce 品牌在现在的细分市场里是如此与众不同，第三年我们就开始和体育产业中的福建系品牌战斗。现在我的业务不仅是原先的个性化的运动产品、越来越多元化的业务机构，也开始向互联网业务进军。未来我们会成为体育产业新模式的代表公司，为运动爱好者提供全方位的满足。”

李柯现在回到杭州作为 Bounce 中国区的主理人。现在中国一些篮球比赛，都会出现 Bounce 的身影。2012 年可以说是 Bounce 大事件的一年：全权赞助了北京 CL 街球队和来自东京的 SOMECITY 球队在北京中关村体育馆的街球盛宴；6 月，Bounce 作为 YAAO 青少年业余运动员的合作伙伴，给中国篮球的未来更加专业的训练；8月，Bounce成为第二届Big Strick Classic篮球赛事的官方赞助商；等等。Bounce的发展，就是李柯的团队的发展，也是李柯延续篮球梦的收获。我不懂篮球，但是我懂李柯的那份执着和热爱。很喜欢Bounce的标志，很具有冲击力，很简单，但是却很有态度，直线即直线，转折即转折，棱角分明。我想这大概是大家喜欢这个品牌的原因吧。

因为Bounce而忙碌，这份忙碌李柯很享受。李柯的一条个人微博：小时候看他打球，现在看他穿我们品牌打球，满满的回忆，献给浙江篮球20年！配图是浙江男篮11号球员郑武穿着Bounce球衣投篮的照片。

偶像是年轻时的梦想，也是努力的初级动力，这条微博很好地展示了李柯将梦想变成事业的心境。梦想，不就是参与自己一直崇拜的东西吗？为自己的梦想装上引擎，为自己的偶像献上积淀多年的心情。

梦想，是驱动力也是恶魔

当你想要做一件事情的时候，这件事是你的梦想，但是自己并不是那么优秀，你会因为害怕被嘲笑而退缩吗?我很好奇一个人面对害怕和梦想的时候，会怎样做选择。其实吧，人最大的问题，往往就是对于自己和客观世界的认识程度。每个人在对自己与现实世界的差距做出评估时，有些时候会高估自己，有些时候又会低估自己。"所以，在面对犹豫而纠结的时候，就去做吧，很多机会是在你做的过程中冒出来的，类似无心插柳这样。"

"有相同梦想的人，冥冥之中会相互吸引，像磁极一样相互接近。就像从事各行业的人，身边接触的朋友和伙伴也一定是相同或相近行业的。体育品牌这一行业，其实并不具备薪资优势，我和我的小伙伴愿意做这个行业，原因在前面其实已经提到，就是想要延续对篮球的爱。现在在体育行业奋斗的年轻人，他们选择体育行业大多数都是因为兴趣和梦想。体育承载着学生时期的梦想，这样的梦想可以变成初级驱动力，激励人的进步。并不是说我本身有多优秀，而是做着自己喜欢自己了解的行业，会特别的用心，因为每一个思想、每一个设计都能传递出我的坚持。我认为是我们这群有梦想的年轻人，一起因为 Bounce 努力，因为梦想前进，而共同变成了优秀的人。”

“但是，梦想有时候也是影响正确判断和驱使想法畸形化的恶魔。梦想之所以叫作梦想，是因为‘梦’是遥不可及的，把梦变成现实的桥梁就是不断地去想、不断地去做。想法有时候会变得很可怕，当你的想法加入了冲动、盲目、利益等这些试剂之后，梦想这个初始驱动力就变成恶魔了。所以，坚持和审时度势都很重要。”这是教我的如何不让梦想变恶魔的办法。初始驱动力变成恶魔的时候，把自己的心关起来，想一想自己的初心，不忘初心是一路走过来的坚持，也是成就梦想的忠臣。

我也是过来人

“有什么想要对我们说的吗？以一个过来人的身份。”

“我不太愿意谈论所谓的正能量，我认识的社会还是比较残酷的，丛林法则，弱肉强食，也许在学生阶段未必能理解这些，但是在社会丛林里战斗久了，就不会有正或者负这样二元的思维方式，而是根据自身条件来践行符合马斯洛理论的生存之道。”

“首先要有梦想，梦想的大小是你做事情的上限，大多数情况下不会达到梦想，但却是你无限接近梦想的动力源泉。”

“其次是眼界，多尝试，多出去走走看看，多参与实践，对于我们这类脑力大于体力的工作更加重要，具体到创意、概念、思维方式都是有高下之判的。”

“然后最重要的还是执行力和态度。任何行业任何工作都热爱工作勤恳、做事执行力强的人，解决问题、有效率地解决问题是放之四海都准的道理。”

这简短的一些忠告，很符合他的性格。简短才显得精炼。马斯洛提出的这个理论确实很恰当，李柯现在追求的大概是在自我实现基础上的自我超越吧。

【访谈手记】

了解李柯，很大一部分时间了解的是他面对生活的态度。他是一个很有自己想法的人，当我告知我要对他进行采访的时候，他说，他从学习到创业的过程和千千万万创业者的创业历程不相似，不具有普遍性，不是非常适合作为案例展现给大家。但是我想，不寻常的路可能会更加具有鼓舞性。其实每一个在自己的岗位和事业上做出成就的人，都是不普通的，他们的经历都值得拿出来分享，梦想有足够的力量把一个平凡的人变成不平凡的人。现在的李柯走在梦想的路上，每天都很忙碌，从他的身上，我看到的是“唯有梦想与对篮球的爱不可辜负”。

学习真的是一件很神奇的事情。接触创业小有成就的他们，学会从他们身上探索到自身现阶段对未来的迷茫，并且去找到合适的答案。

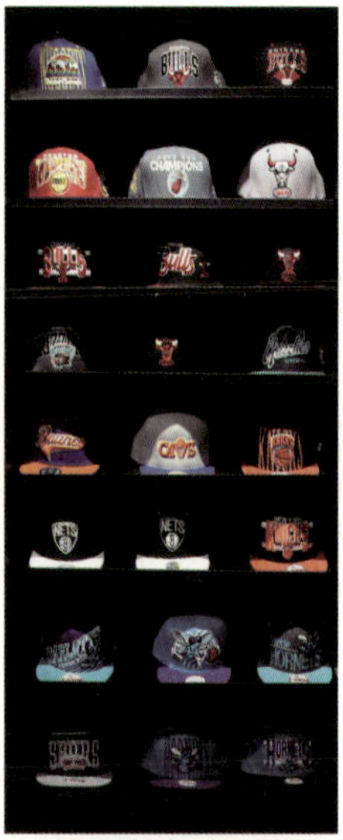

李柯

杭州柯睿品牌管理有限公司

品牌如人，因此它也是一个生动的故事。李柯的创业故事，恰好诠释了一个人融入品牌的完整过程。

在品牌营销中，你必须首先赋予品牌生命感，一个创业者只有深深地爱这个品牌，才可能将生命的元素注入品牌中。所以品牌不只是商标、产品，甚至也不只是营利工具，它是创业者与消费者乃至与整个社会的沟通方式；同样，品牌必须不断注入新的能量，才可能持续地保持活力。因此，在李柯的 Bounce 架构中，我们还看到赛事、特训、运动场的空间延展。每个品牌都是独特的自我，也许对于运动品牌而言，成为 NIKE 是一个永远的梦想。但是当李宁在亦步亦趋的耐克模仿中步履维艰时，也许对于李柯和他的 Bounce 而言，更有价值的则是学习耐克，通过不断的创新成为不可复制的自我。

（点评：卫军英）

杭州有氧文化创意有限公司

合伙人

范磊明　程清　刘翔

有氧

YOYA DIGITAL

抉　择

范磊明

一路走来,“把错的事情做对”,一句貌似荒唐的笑话,却是我这许多年来的信仰与坚持。

无论是从如日中天、万人艳羡的甲方回到乙方;抑或是不顾高层挽留,毅然决然地离开顺风顺水的4A;还是从国外回国,从大都会回到熟悉的二线城市奋斗,每一步都印证了一种人生,而这种人生也映照了一种不一样的性格和属于我的独特烙印。

这是最坏的时代,我错过了传统广告业鼎盛时期的雨露滋润;这是最好的时代,我赶上了互联网时代数字广告开往未来春天的早班车。从默默无闻,到独树一帜成为中国广告创作实力50强,有氧,不过两年。但回头看看这一路的搏杀,其实是一种煎熬,有困顿,有迷茫,有无助,因为这个行业充满了万千挑战,当然也正因为种种的挑战,才成就了我体验高潮的快感。

当然,希望这种快感能够久一点、再久一点。

亚太时报华文广告金像奖评委

中国优秀广告作品IAI年鉴评委

中国大学生广告艺术节学院奖评委

浙江省十大广告创意明星

杭州市首批获政府专项资金资助赴欧洲培训研习生

一个人的路几个人走

程 清

一个人的

创业,与旁人无关

人生是一个人的人生,不论你是创业了还是没有,不论你是成功还是失败,只是你自己需要承担结果罢了。创业,是我自己的选择。

“永不言败”,感觉很幼稚的4个字,却从小就是我的座右铭,算是烙在灵魂里了吧,天生喜欢战斗和征服,就是愿意去做让自己害怕的事情,比如失败。说自己为什么会创业,可能就是因为高考失败了吧,看着同桌、朋友至少也是个211,心里做何感想?人生玩完了,还是再来比一比?

路

是选择,是方向,是计划

自己选择的路,无论如何都要自己走下去,人生没有后悔药。创业永远没有坦途,当你发现自己走上弯路的时候你的面前就有了两条路,走下去或者回头,我选择了走下去。

选择创业这条路是我大学期间做出的决定,所以从那以后的我走的每一条路都通向这个方向。大学毕业决定去北上广取经,取互动广告的经,拿着1200元的月薪只身来到广州一个只有4个人的公司,自学动画和编程为的只是一块敲门砖;半年后由一个实习生真正踏进了当时号称互动黄埔军校之一的公司的大门，一年半后在带领团队完成日产阳光的全球首发项目后离开广州，离开最好朋友的痛不比失恋轻；来到上海,以所有应聘公司给我的最低价码加盟网帆,1个月后自己的老大离职,部门解散,放弃通用组的邀请,决然来到一个在公司内不受待见、什么项目都要做、最没有系统性的组做策划兼AM,因为我觉得自己创业之后可能遇到各种项目、各种客户。

在上海经历被收购,从网帆变成阳狮,经历PUMA、强生……各种比稿、提案、执行,经历工资翻倍、职位飙升,可是我依然决定回到杭州创业,因为我从一开始就选择了这条路。

几个人

你周围的人永远比你重要,他们决定着你的成功或者失败

你周围的人决定了你的成败,但你决定了你周围有哪些人,以及他们可以帮助你什么。善待你身边的每一个人,多替他们想一想,不论是老板、朋友、客户还是员工(当然在我的字典里只有或远或近的朋友),不论你是否创业,我相信他们对你一定没有坏处。

我的桌上一直放着一尊龙龟,因为我相信它可以帮我带来贵人,这一路上我也遇到了把我带进这个行业的老大、教我如何做事的同事、给我足够信任的老板,他们教会我走过这一路;也遇到了现在的合伙人,大家一路走过来,也将一路走下去;还有就是最可爱的员工们,就像是亲人,也是责任,很多时候他们是动力也是支持。

走

行动,是自己的事,也是整个团队的事,你要行动,也要让别人行动

走,是自己做,也是推进。要让自己走,让团队走,让项目走,才有可能成功。所有事情不是想想就行了的,所有事情也不是预先都能先想好了的。

走,未来终究就在前方。

相信团队的力量

刘 翔

开头还是先介绍下自己，我的名字叫“刘翔”，来自宁波，自小在部队大院里长大。巨蟹座，集自大、死要面子、臭美种种坏毛病于一身，好就好在还有一份自知之明，让我从小没有走上什么歪门邪道。

中学时代比较贪玩，成绩不算特别顶尖，但好歹也一直混迹于二流城市的一流学校里，然后就考上了大学，来到了杭州……

创业前序

相信很多人跟我一样，浑浑噩噩地度过了自己的青葱岁月，随之而来的便是要面对大学毕业时的惶恐与无助。父亲从小便与我聚少离多，也从不在职业规划上给我太多的指点，他总是有他自己的想法——男孩子要自己去闯。在他眼里所有需要父母帮助就业的孩子都是耍“流氓”。

所以在萌生创业的想法之后，在家庭中并没有受到太多的阻力。我承认自己是一个拥有很多想法的人，大学期间见证了国内无数的互联网创业神话，那时的我对于互联网是颇具激情的，也有很多在现在看来幼稚的想法。年轻的激情总是让人很容易跟朋友一拍即合，于是在一位同窗好友的唆使下，我开始了第一次的创业。那时候的我，并没有太多的从业经历，对于社会和生意来说，都是懵懂的。

初创折戟

拥抱互联网，是这个时代的主旋律。即使作为一个大学刚毕业的青年，也依然奋不顾身投入互联网创业的大浪潮中。看着市面上形形色色的互联网产品，我怀揣着一个年轻人的自信和对未来的美好憧憬，开始全力投入自己的互联网产品开发中。

创业初期，除了激情我们没有任何的经验，一切都从零开始。我们一方面进行产品开发，一方面出入线上线下的各种论坛，希望借此不断丰富自己的经验以及人脉。虽然参与了大大小小的各种创业大赛，也获得了一些成绩，但一直没有得到投资的我们还是陷入了缺钱的困境。初始创业资金已经消耗殆尽，而产品还一直处在开发阶段，并且已经远远超过了我们当时对于产品开发进度的预期。经验不足的弊端还是给了我们沉重的打击。

最后，对于产品未来发展方向的争执导致项目的半路夭折。这确实是一次让人很不甘心的创业经历，却也让我从这磕磕绊绊的一年中成熟了很多，并一度让我陷入沉思。我开始深刻理解一支成熟团队的重要性，那种对于目标的一致性、对于对方的包容以及作为团队一员的专业性都不是用简单的激情能够换取的。

有氧再出发

我承认，机遇有时候是需要缘分的，在第一次创业的过程中，我结识了现在的有氧合伙人，他们对于未来有着细致的规划，每个人在自己的专业上都极具实力，伙伴之间亲和并且相互理解包容。

这样一支团队，让还在第一次创业经历困扰中的我心生羡慕。第一次创业失败后，当有氧向我发出邀请时，那时的我根本无法抗拒这样一支团队的魅力。就这样，我再次踏上了创业的道路，这一次我们信心满满，有了第一次失败的经历，我也更加坚信，这一次我们会走得很远。

从开始只有5个人的有氧，到今天40人的有氧团队，我们只用了两年的时间，虽然同样历经坎坷，但每一步我们都走得踏踏实实，不骄不躁。即使现在，我们依然不忘初心，依然为了当初的目标在奋斗，我相信，这就是一支成熟合伙人团队的力量，除了不断汲取养分，还能不断释放自己的激情，相互促进，最终在这个过程中不断产生化学反应，不断成长。

淘宝品质之选

——每一件品质之选，都包含了工匠无数的心意。

——如何才能在8亿宝贝中找到品质之选，新势力周告诉你。

有氧，共同呼吸
我们不仅创造创意，更创造生意

有氧从何而来?

有氧来自梦想的一拍即合。这是当初两个人的梦，后来5个人的梦，现在40个人的梦，和将来有氧人的梦。这个梦往小了说是让每个有氧人都有被认可的成就感，往大了说是让每个有氧人都能生活得更好。

有氧来自三年的“分道扬镳”。有氧诞生在2009年年底杭州黄龙的一家一茶一坐，2010年在中国的企业名录里就有了有氧的名字。有氧孕育在上海、广州、香港、英国的4A公司和营销公司之中，大家用四年时间明确自己的追求和共同的目标，为有氧积累经验。

有氧来自一年半的信念坚守。2012年年底有氧正式开始运行，我们梦想着改变广告的格局，我们坚信将成为数字广告的领军者，而我们在做的是海报、画册、印刷……有氧靠着这些零零碎碎、七七八八活下来了，但是不管有氧曾做过什么，有氧始终是一家数字品牌营销公司。

有氧来自每一个有氧人的奋斗不止。公司最重要的资产是人，有氧也不例外。但是有氧略有不同的是，我们最重要的资产是每一个有梦想的人。在有氧，有等级但没有一定的对或者错，有长幼但没有一定的高或者低。在这里员工可以叫老板“小胖子”，老板可以对员工承诺“不负”。

有氧现在何处?

有氧是追求实效的跨界数字整合营销公司。

有氧致力于打造以数字为核心,集品牌、媒介、公关、CRM 为一体的整合营销传播集团。

数字品牌

品牌数字化 & 数字化品牌

调研/定位/塑造/传播的完整数字品牌营销生态。

帮助传统品牌实现数字化转型,& 为数字品牌实现品牌形象和个性的塑造。

数字媒介

触点

精准洞察,准确分析目标受众,媒体特性了如指掌,不放过每个受众触点与传播时机。

数字公关

跨界

不同行业大数据积累，实现数据跨界。

新媒体互动传播,实现媒体跨界。

整合品牌合作,实现品牌跨界。

目标群体共享营销平台，实现客户跨界。

S-CRM

生态营销

S-CRM 有别于传统 CRM 的销售导向，通过消费者的参与来维持品牌与消费者的长期关系。通过与顾客的有效接触,深入了解消费者行为,帮助品牌向市场提供最适当的产品和服务,在最适当的地点、时间满足最终顾客的需求。建立忠诚关联,提升品牌的市场竞争力,为品牌建立立体的生态营销系统。

服务客户

淘宝网、手机淘宝、阿里巴巴、淘宝拍卖会、中国质造、蚂蚁金服、支付宝、支付宝钱包、新口碑、阿里钱盾、阿里去啊、in、方太、顾家家居、华数、海康威视、中国电信、马来西亚云顶集团、中石化 BP、绿城集团、融创中国、万达广场……

公司荣誉

中国国际广告节长城奖金奖、铜奖

中国国际广告节黄河奖铜奖

中国国际广告节中国元素奖

中国广告创作实力 50 强

亚太时报广告特别奖

亚太时报华文广告奖

人民日报首届全国公益广告大赛金奖

浙江省广告大赛金、银、铜奖

“创意杭州”金典、银典、铜典奖

……

有氧将往何方?

跟随市场发展的步伐,远方……

方太极火直喷燃气灶

既然把传播从传统转到社会化,再端着就是矫情了,但是品牌气质也要保持,这就形成了一种以高端幽默吸引受众、适当温情深入人心的创意风格。

创意的最高境界是创造标准

支付宝

不砸钱还能霸屏朋友圈？支付宝联合众大号限时换头像,ID上演朋友圈最大一次“伪装者”事件。

挑战：

·突破封锁,夺取微信用户阵地。

·最少投入赢取最大效果。

洞察：

·巧妙借助支付宝及微信间的关系营造话题。

·利用社会化媒介的力量寻找突破口。

策略：

·利用社会化媒介KOL寻找精准人群。

·利用纷争制造最大的传播效果。

效果：

·轰动朋友圈,帮助支付宝形成了一波源自用户的自发传播。

·开创了微信营销的全新方式。

手淘情人节

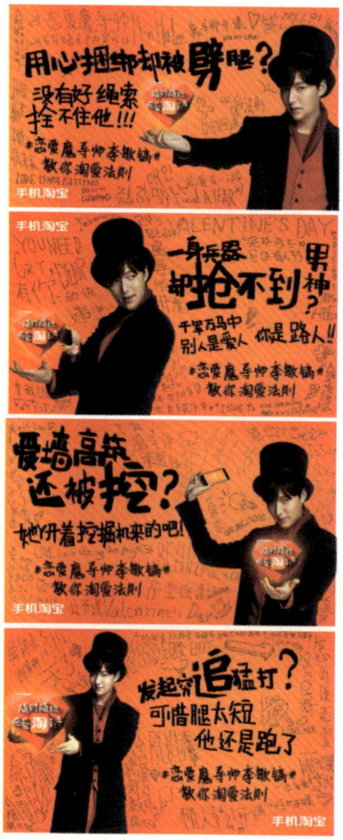

用高颜值长腿欧巴吸眼球，用擦边球文案点破人最基本的需求，双管齐下，这个情人节，迷妹情侣买不停手。

挑战：

·突破现有营销手段，形成自我特色。

·精准吸引目标群体。

洞察：

·韩剧在国内的盛行以及男神的超强影响力。

·利用社会化媒体进行精准传播。

策略：

·借助韩剧男神制造营销切入点。

·男神私人物品拍卖制造活动爆点。

效果：

活动话题在新浪微博热门话题排行榜排名第三，且代言人李敏镐的恋爱魔导师形象深受好评，活动的推广也促进了手淘的点击量。

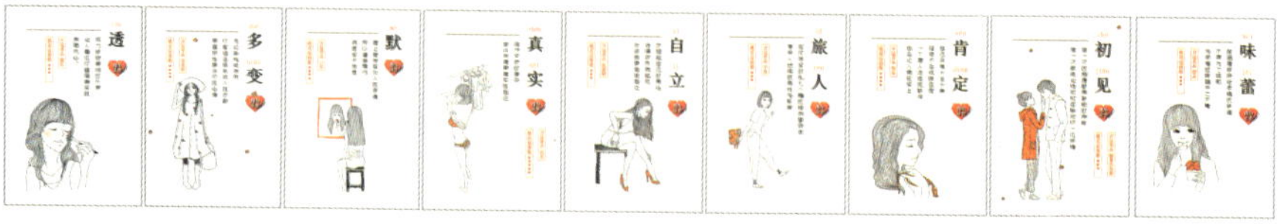

淘宝新势力周

衣服品味见仁见智，文案品味只求一个走心。海报用最春天的色彩吸睛，细腻的文案道出女生心事。买买买没有错，不美的女人才罪过。

挑战：

·突破大众对于淘宝商品的刻板印象——便宜、假货。

·向大众传递“独立设计”“优良品质”的概念。

洞察：

·利用淘宝无所不能的万能概念。

·利用年轻群体敢于挑战自我、突破自我的新鲜意识。

策略：

·以“放胆去”为核心主张新势力。

·利用不同方向的内容使得受众产生共鸣，引起目标群体最大关注度。

效果：

·成功引发大众对于本次活动的热烈讨论。

·提升品牌形象，充实淘宝的“万能”形态，使新势力周销售活动达到高峰。

放胆去花呗

——站在广大女性消费者的角度，为其发声，以期共鸣。

——我们大部分的金钱消费都是为了成就更好的自己，放胆去花呗！

阿里旅行去啊

谁还花脑子看烧脑文案？传播上用代言人——麦兜诠释最萌最逗的旅行箴言，让受众捧腹着把机票订了。

挑战：

·旅游 020 竞争激烈，如何突破重围获取最大程度的关注。

·选择最优的营销传播组合方式，进行个性化传播。

洞察：

·巧妙利用电视旅游节目获取黏性用户，引流节目观众。

·利用大众对“萌”文化的无法抗拒。

策略：

·与真人秀节目战略联合，提升品牌形象。

·以“麦兜”为主人公，利用海报在社交媒体上进行互动传播。

效果：

·大大提高了“去啊”的下载量。

·提升了“阿里旅行去啊”的知名度及好感度。

in APP

什么是社交？我们聊天、聚会，认识各种各样的人，以为这就是社交，却忽略了认识自己。在 in 的哲学里，认识自己是社交之本，向内洞察更深邃的自己，才能更好地拓宽社交视野。

让生活来做编剧，用真实打动人心，然后就有了这四支从生活中来、到生活中去的广告片：用四个不同身份的女性代表四类人群，娓娓道来情怀故事。不用道德绑架、不用强行催泪却让人心生触动，为其动容。在升华品牌的调性与力量之外，更让数量庞大的女性用户感受到尊重与理解。

在社会化传播里，好玩有趣固然重要，但走心的洞察也不容小觑。in 白领篇，真正从人群出发，将白领内心的声音，用精准的文字和生活化场景完美呈现，第一时间引发受众的强烈共鸣。

淘宝拍卖文化中国

一个电商品牌做起了传统文化，矛盾重重，缺少底蕴。然而在执行中，主视觉以新古风质感让人眼前一亮，文案也经过咬文嚼字地细琢。既然广告经得起推敲，那么品牌的底蕴汇聚还有问题吗？

有氧:以专业立身的"节操"

龚钖烊

初见范磊明的第一眼,简单的服饰,鼻梁上架着一副黑框眼镜,不但没有一股生人勿近的骄傲,反倒还多了几分亲切。几句寒暄之后,交谈便愉快地开始了。

范磊明是有氧文化创意有限公司的负责人,从毕业到现在,他和程清、刘翔,还有其他两个伙伴经历了许多,一路风风雨雨,终于有了如今属于自己的一片蓝天。短短两年的时间,有氧从5个人发展到如今40余人的团队,从寂寂无闻到现在荣获国际国内大大小小各类奖项,成为浙江省乃至华东地区独树一帜的数字品牌营销传播公司。

提起广告,大抵一般人第一反应想到的会是写写画画,或是在公交站牌、楼道门边随手一贴的那个物件;若要再高大上些,许是时常插播电视剧的那些画面。广告离我们很近,又仿佛隔得太远。

有氧一开始就立足于数字新媒体广告,这与传统广告有很大不同,需要随时跟进社会舆论动态,容不得半点信息滞后。数字新媒体,顾名思义是要将广告与数字相结合。然因笔者不明其具体含义,曾搜索之,见百度百科云,它是以信息科学和数字技术为主导,以大众传播理论为依据,融合文化与艺术,将信息传播技术应用到文化、艺术、娱乐、商业、教育和管理等领域的科学与文化高度融合的综合交叉学科,包括了图像、文字以及音频、视频等各种形式,以及传播形式和传播内容中采用数字化,即信息的采集、存取、加工、管理和分发的数字化过程。

生活在这样一个信息化的年代,想要独善其身也是难了,恐怕任何行业都无法再和信息、数字脱节,如今,数字新媒体已渗透到人们工作生活的方方面面。这样看来,数字新媒体广告业,自然比传统广告业更多了几分难度,这无疑是在创业基础上的又一项挑战。

提起当初创业的原因，他说得很潇洒：一切都是水到渠成的，觉得时机已经成熟了，便去做了，没有背景、没有人脉，那都不要紧，有专业、有自信、能吃苦，这就够了。很多人会觉得，创业是一件很风光的事，然而只有真正这么去做的人才能真切地体会到个中艰辛，然而因为喜欢，因为执着，所以不论多么艰辛都不会轻言放弃。

第一年的冬天，很冷，大屋子里只有一台小小的空调，天气冷得打开窗子都需要很大的勇气，那时候公司刚起步，还是个只有5个人的小团体，比起之前动辄几万的月薪，每月一两千的收入和当初在职时无疑是天壤之别，现如今学校里的大学生，大抵每月生活费都不只一两千，当时的艰辛劲儿可想而知。奔着梦想，大家把之前多年工作的积蓄几乎都投进公司里，可是刚刚起步的公司，自然是没有多少人愿意搭理的，毕竟在各个行业，经验、资历、专业度、知名度都是绕不过的坎儿，每年大学生创业的不少，可是大多如走马观花一般，能创出大成就却屈指可数，这个坎儿，能迈过去，就是另一片新天地，如果迈不过去，就不知会是什么结果。

《中国合伙人》有一句话，让人觉得意味深长，“最好不要和朋友开公司”，听着有些对人性的剖析，这么说，自然是害怕昔日的朋友为了合伙的利益反目成仇的缘故吧。范说，这话不错，可是，不是朋友也不能合伙开公司，因为没有那份友谊，就没有信任力。熟人之间打打闹闹惯了，风风雨雨也能一起承受，如果没有很强的信任力把一个个个体紧紧地拴在一起，为了各自的利益，互相猜忌、互相盘算着，不也很可怕吗？

那个冬天，5个人紧紧凑在一起，交流这多年的专业经验，商量着如何等待发展机会，时而各抒己见，时而又争论不休，公司凝聚着所有人的心血，就像是自己的孩子一样，大家都想看着它茁壮成长。

整整一年的春夏秋冬，煎熬的，又岂止是一冬的寒冷？那段时光，或许最难熬的，不仅是因为天气的寒冷，还有对前景的未知。窗子外面，风呼啸着，吹得路旁的树叶沙沙作响。半夜里，天很黑，透过窗子，可以听到车辆来来去去的声音。从外面看来，这一层办公室里的灯光分外显眼，整座城市都暗着，唯有这里，还亮着。这里的光明，不仅仅是黑夜里的一分微光，更是5个人对未来的希望，准备去迎接即将到来的每一个机会。

淘宝,总有一个放胆去漂亮的理由

——对已“约定成俗”的一些刻板印象进行话语上的反击。

——这的确是一个看脸的世界,你有什么理由不放胆去漂亮。

提起创业初期的那段日子,范磊明一直说着苦,脸上却始终挂着笑容。苦尽甘来,再回想起从前的那些艰苦奋斗,多了一份成就感。屈子说“路漫漫其修远兮,吾将上下而求索”,正如耐寒而放的梅花,在经历过冰天雪地的考验之后,才芳香彻骨。

家中几乎无人经商,当初听到范磊明创业的想法,家人却出奇地支持。自然,身边的人里也有不少反对的声音,不外乎是觉得没有必要,或是不值得为了渺茫的希望而放弃已经到手的高薪。“我很清楚我想要什么,我觉得我是一个理想主义和现实主义的结合体。”家人帮不到什么,一切都得靠自己,但不管身边的人支持还是反对,一旦决定了,就义无反顾地走下去。他的坚持是对的,每一位客户、每一个奖项都是最好的证明。

梦想有时候不需要很伟大,它可以没有多么华丽的字眼,只要它是发自内心的,一步步朝着它努力,即使抬头看见的是漫天乌云,总有一天,会云开雾散。秉承着对专业的坚持,有氧取得了今天的成绩。

公司里没有什么层级限制,这样的企业文化在旁人听来实在是匪夷所思。没有层级,那不是乱套了吗?但这么一来,公司里就没有了绝对的权威,不需要非得听谁的。无论是新人还是元老,只要有好的提议,能说清楚道明白,讲出个因为所以来,但凡是真的好、真的可行,这个提案就可以畅行无阻。元老嘛,把握市场方向、做出预估判断还是少不了的。这对于刚迈入职场、自觉得满腹才华却因为人微言轻而无从施展抱负的有志青年们来说，无疑是个高压职场中的世外桃源。

每年春节过后，大大小小的广告公司时不时地会换一大拨人，然而有氧文化创意有限公司的员工流动性却是极小的。马云曾说过，员工离职只有两个原因：一，钱，没给到位；二，心，委屈了。然而若是以中华民族千百年来的个人自尊心来说，后者可能更加重要些。

心受到委屈了，就不仅是钱的事儿了，总觉着待下去没有出头之日，既然如此，那钱自然也觉着不够了。范磊明跟小伙伴们说得很清楚：以社会主义按劳分配的原则来。公司给的薪水，或许不是全行业最高的，但绝对是跟员工自身能力相匹配的，该是多少就是多少，不会刻意抬高，也不会故意压低。只有一条，必须要踏实，只要踏实下来了，好好干，不出三年，准能看到美好前程在不远处招手。

范磊明说，他不喜欢赚快钱，而是更想放眼未来，开创一些前所未有的新意。或许这会很辛苦，但这是自己喜欢的，既然是自己的追求，就愿意花更多的精力和时间去完成，所以才会有想别人不敢想、做别人不敢做的成就。

2012 年年底，公司觉得微信广告方面有很大的营销价值，想要开拓这个市场的时候，整个行业一开始都是排斥的，但大家都没有放弃，他们相信自己的判断，相信自己的专业。面对逆境，多少次的失败，大家没有气馁，终于，有志同道合的品牌一同合作打开了微信广告市场。

若以今日的眼光再回过头去看，这在当时的确是个具有很大发展空间和潜力的市场，然而身在外的人，又有谁能想到当初这个提议是这么的不被看好呢？千辛万苦得来的成功，恰似古时十年寒窗，一举成名。当看着微信市场愈发红火时，不少当初拒绝过这个提议的合作伙伴们，也纷纷感叹这一先见之明。但就在行业将微信的价值捧上天的时候，有氧则慢慢退出了微信市场，这或许又是一次大胆之举，令整个行业错愕。

以专业立身，这是在这次谈话中提到最多的一句话。他和他的团队有商业眼光，有科学的判断和敏锐的市场嗅觉，还有对未来广告业趋势的把握，但最重要的，是对专业的无限热情。没有专业的公司，就必须要到处找关系，只要有专业能力、有信心做出好的作品,就无须花多少心思在人脉上头。

在学校的时候,范磊明就是一个一心钻研专业的人,“不要害怕成为别人眼中的另类”。大学时代的男生,不打游戏不到处玩耍似乎都对不起自己的青春,但随之而来的,只怕就是毕业之后站在人生十字路口的迷茫劲儿了。在别人游戏的时候,他在学习,学习专业、参与各种相关实践,不断提升自己的专业水准。完成了这些之后,正像他说的那样,一切都是水到渠成了。

数字传播更新换代的速度非比寻常,广告涉及各个行业的相关知识,针对不同的客户,需要有不同的专业认知。这时候就需要不断地去更新自己的专业知识,才能更好地适应这个市场。

范磊明说,每到一座城市,他都喜欢绕城一圈,不是因为太闲,也不是为了旅游放松,只是想着去感受整个城市的氛围,或坐车,或走路,带着一种态度和专业去品味这个城市。这种感受和在工作中是一样的,一路看来,都会有不一样的风景。

说起挑战,他轻笑,其实创业、工作,每天都是挑战,守着专业办事,总会有成功的,若说有什么最大的挑战,那大概就是自己了吧。人这一辈子,最难战胜的敌人,永远是自己。所有的客户都会有不同的要求,能让人心力交瘁、思维枯竭,于是自己就会给自己很大的压力,这时候万一压得自己喘不过气儿来,一个不小心就被来自内心的挑战给击败了。客户会不会任性、会不会刁蛮,这都是次要的,最害怕的就是拿不出好作品来。一个方案摆在面前,有时候都不用客户提什么意见,自己就会觉得这里不对,那里也不好,忍不住想把所有的方案都做到最好。

有一回拍片子,在北京奋斗了好些时日,每天醒过来都觉得是一场新生,原以为应当是胜利在望了,谁知道客户忽的任性地撂下一句话:“三天时间,重做,通通用 3D 制作。”

与大多数人的反应一样,范磊明心中的第一个念头就是“绝对不可能”。再强的能力对于应付挑战也是有一定限度的,因为要涉及人员、技术、时间等多个方面,绝不是光有个人恒心毅力就一定能够顺利完成的,实打实的制作可不是口头商议方案那么简单,他在微信上写下一句话:“不知道这次,能不能绝处逢生。”

客户需求不明确，做到一半才说到方向不对，于是要求把之前的全部改掉，还要赶上不久后的那个迫在眉睫的展示，到时候各方人士，甚至是国家领导人都要莅临观展。事关重大，不改不行，客户也是一脸的无奈，重担却落在了有氧文化的肩上。

那时候，他是可以选择拒绝的，毕竟时间紧迫，赶不及才是正常的，可权衡再三，最终还是觉得该扛下这个任务，既然当初答应了，如今就是千难万难也要把它完成。那几天，每天睁眼闭眼全是满满的疲惫，短短几天的时间就好像是经历了无数个春夏秋冬。庆幸的是，没日没夜的辛苦终于换来了一个奇迹。交出成果的那一刻，所有人都放下了心头的那块大石，曾经不可能的任务到如今已成了令人骄傲的资本，然而回想当初的经历，还是那句“绝处逢生”最能概括大家的心境。

回首创业、守业的点点滴滴，还有那一次次来自于外界和自己内心的挑战，范磊明和他的小伙伴们始终坚守着以专业立身的“节操”，这既是对公司成功原因的概括，也是对当代大学生的启示。相信带着专业和“节操”，有氧文化创意有限公司的明天会越来越好。

华数母亲节

为数字电视品牌做传播，亲情是必要的出发点。而怎样将一个嚼烂的话头再次刻入受众的心中？既不能矫情又不能天马行空，人生如戏，“母亲是最好的演员”这一话题直白而又有深意。

【访谈手记】

创业是很多人的梦想，能够拥有自己的事业，是一件令人羡慕的事。然而在我们羡慕那些成功创业者的生活时，我们常常会忘了他们为了今日的成功付出了多少心血。世上的事，从来就没有一蹴而就的，或许大多数人都只能站在路边鼓掌，若想要比别人收获更多的鲜花和掌声，就先要承受常人难以承受的艰辛。

整个采访过程，范磊明表现得很平静，几乎听不出半点情绪上的起伏，可我还是能够感受到一些创业过程中的艰辛。自然，没有经历过的我们是无法完全体会那些的，还不甚明了世事的我们，更多的是羡慕别人娓娓道来的成就，然后开始羡慕嫉妒。殊不知每一项荣耀背后，都是几年如一日的坚持。范磊明的经历中，除却自身兴趣和信念，最重要的一点就是专业，所以不管以后我们是否选择创业，专业能力是必不可少的。

经过这次采访，我多少了解了一些关于创业、关于工作的不易。老师时常强调理论与实践相结合，我们听进去了，然而一转身却又不知道该怎样去结合。我们长大了，却还不甚懂事，从小被宠在手心里，少的是敢于挑战的勇气和不怕输的决心。都说九丈高台，起于累土，如果人生就是一次搭高台，那九丈之中，如今的你我已垒了多高呢？

顾家由度

让一个子品牌从无到有，让一款认知度不高的产品深入人心，艰难而有挑战。努力让品牌感受与产品功能有一个通感链接是项目成功的原则。

范磊明 程清 刘翔

杭州有氧文化创意有限公司

见证有氧的发展历程，见证在校园里的成长，见证在提案前夕奋斗的日日夜夜；见证在执行现场，见证在创意风暴的时时刻刻。有氧从不为人知，到今天已站上中国广告行业最高的领奖台。

“要么飞，要么坠落”。歌词里的表述也是有氧团队创业初始的信念，是从传统广告进入社会化传播领域的破釜沉舟，当然还有对专业的热爱、自信和坚持。要说有氧成功尚为时过早，因为“成功”在有氧的每个合伙人心里尚有更高的标准和定义，但有氧是中国数字传播领域的重要一员已是不争的事实，这是当初的方向，也是未来的基石。

对行业的准确预判，对市场的细微洞察，对营销传播的深入理解，对互联网的透彻领悟，对新环境下传播模式的再构建，加上所有合伙人和员工的齐心协力与努力，有氧在路上。

有氧远未到收获的时候。新型传媒集团的雏形已然展现，这是一个向世界发声的时代。

飞得更高！有氧，再战！

（点评：骆小欢）

苏州致雅家具有限公司

合伙人

吴晓烽

柿

shì

没有彩排的人生

吴晓烽

说起来有点惭愧，我并不认为自己是个纯粹的创业者。在经过几年轻松放肆的大学生活后，告别了我的学生生涯，对未来的生活、工作和爱情都非常的迷茫。也曾试着在报社工作，过着朝九晚五的生活。父母对我当时的现状特别满意，经商一辈子的他们不希望我选择他们的道路，因为他们清楚这条路有多么苦。只是从小在这样的家庭氛围中长大，已经耳濡目染了太多生意场上的门道，再让我选择这种我认为从20岁能看到80岁的生活让我十分恐惧，于是义无反顾地递上离职报告，告别杭州这座我深爱的城市，同时挥别的还有我的爱情，来到了苏州这座陌生而又熟悉的城市。

由于本身学的是广告学专业，所以一开始计划开个广告公司。我尽可能通过身边的关系去接触这个行业，考察它们的经营模式，同时马不停蹄地寻找理念相契合的合伙人。就在一切按部就班进行中的时候，一位经商多年的长辈的一席话点醒了我。他说，年轻人刚进入社会的时候一定要选择最艰苦最磨炼心智的工作，这样在未来漫长的人生中，无论碰到任何挫折任何挑战，都能轻松应付。于是在经过痛苦的思想斗争之后，我毅然决然地抛弃了之前所有为开广告公司所做的准备工作，决定办家具厂。

创业初期的时候真是痛并快乐着。每天有着忙不完的事,常常为了某个产品通宵熬夜研究，自己也在这个过程当中一点一滴学习并快速成长起来。由于资金的限制,当时租的是最简易的厂棚,平时倒还好,但只要一下暴雨,工厂内就开始洪涝成灾,这个时候所有的工人就要停下手中的活参与救灾。好在通过我们的努力,工厂仅仅用了三个月就走入正常轨道，看着它一点一滴地成长起来，就像自己的孩子一样健康茁壮,同时也被同行业的企业认可,感觉自己的付出都是值得的。

就这样顺风顺水地来到了2011年。做企业最忌心浮气躁,然而此刻的我已经完全不满足当时的发展速度,于是我打算投入资金开发不同的系列。当时家里所有人都提出了质疑,因为新系列的开发需要投入很多资金和精力,而那个时期我的厂房正在建设当中，光银行贷款已经超过一千多万，再加上原有企业已经消耗了我大量精力,可以说这个时期做这个决定,现在想起来就是典型的人心不足蛇吞象。

但我的固执让我义无反顾地在这条道上走到黑。于是我又开始租厂房,花双倍工资挖人,每天不停开会调研,慢慢地感觉自己越来越应付不过来,账面资金也在快速消耗着。祸不单行,就在此时,我母亲被检查出重病,她的企业也只能暂时由我来扛,于是我开始每月一趟飞四川。到最后,连那帮深圳航空的机组人员都认识我了。屋漏偏逢连天雨，就在这同一时期，公司的一辆货车在送货途中发生了一起严重交通事故。所有的一切压得我喘不过气来,我不是一个会轻易表达情绪的人,但那时的我经常一个人半夜裹在床单里流眼泪。我开始反省,我要快速止损,这很痛苦,因为你要抛弃前期所有的资金和汗水,哪怕现在已经看到一丝希望,你也只能舍弃,因为时间等不起。

现在的我,已经慢慢沉淀下来,不妄自菲薄,也不纸上谈兵。搬进新建立的厂房,虽然资金依然捉襟见肘,但我没有一分银行贷款,轻装上阵。也不屑于跟人夸夸其谈未来的发展大计,我依然信奉那句话——做的永远要比说的领先一步。我在努力完善我的人生,一个未经彩排的人生,一个或许有遗憾但绝不后悔的人生。

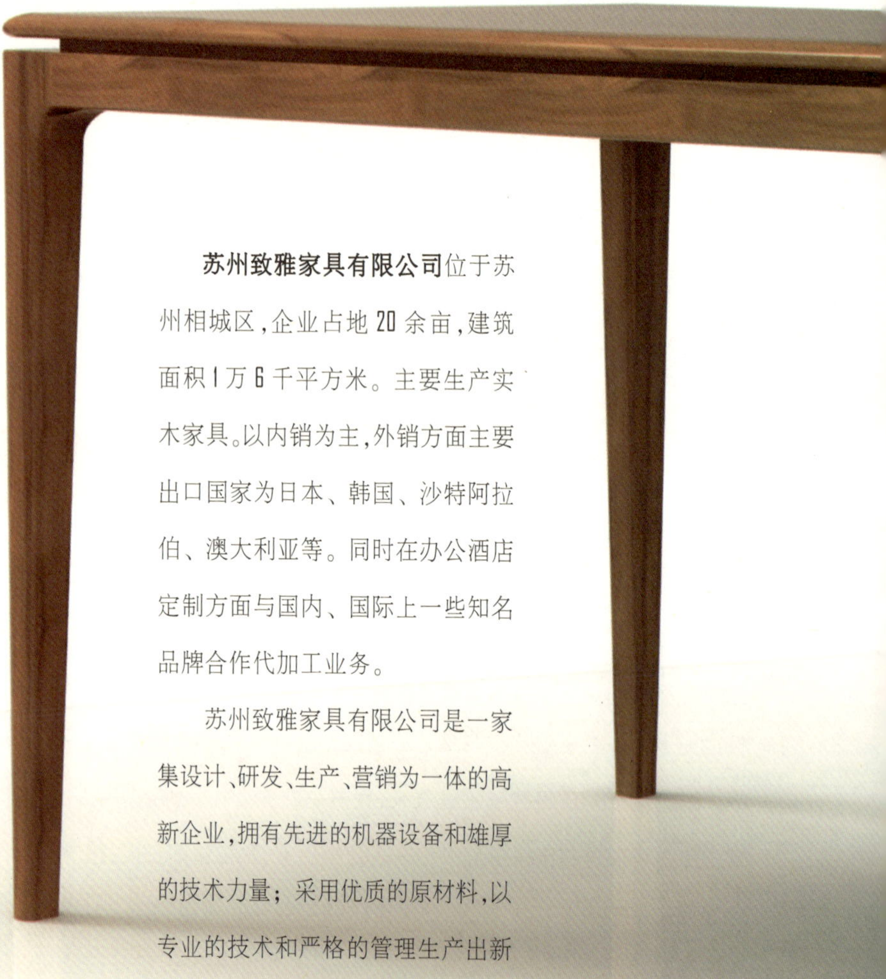

苏州致雅家具有限公司位于苏州相城区，企业占地20余亩，建筑面积1万6千平方米。主要生产实木家具。以内销为主，外销方面主要出口国家为日本、韩国、沙特阿拉伯、澳大利亚等。同时在办公酒店定制方面与国内、国际上一些知名品牌合作代加工业务。

苏州致雅家具有限公司是一家集设计、研发、生产、营销为一体的高新企业，拥有先进的机器设备和雄厚的技术力量；采用优质的原材料，以专业的技术和严格的管理生产出新颖的产品。致雅家具既具有中国传统家具的儒雅端庄、高贵典雅，又具有现代家具实用、简约、时尚的风格。

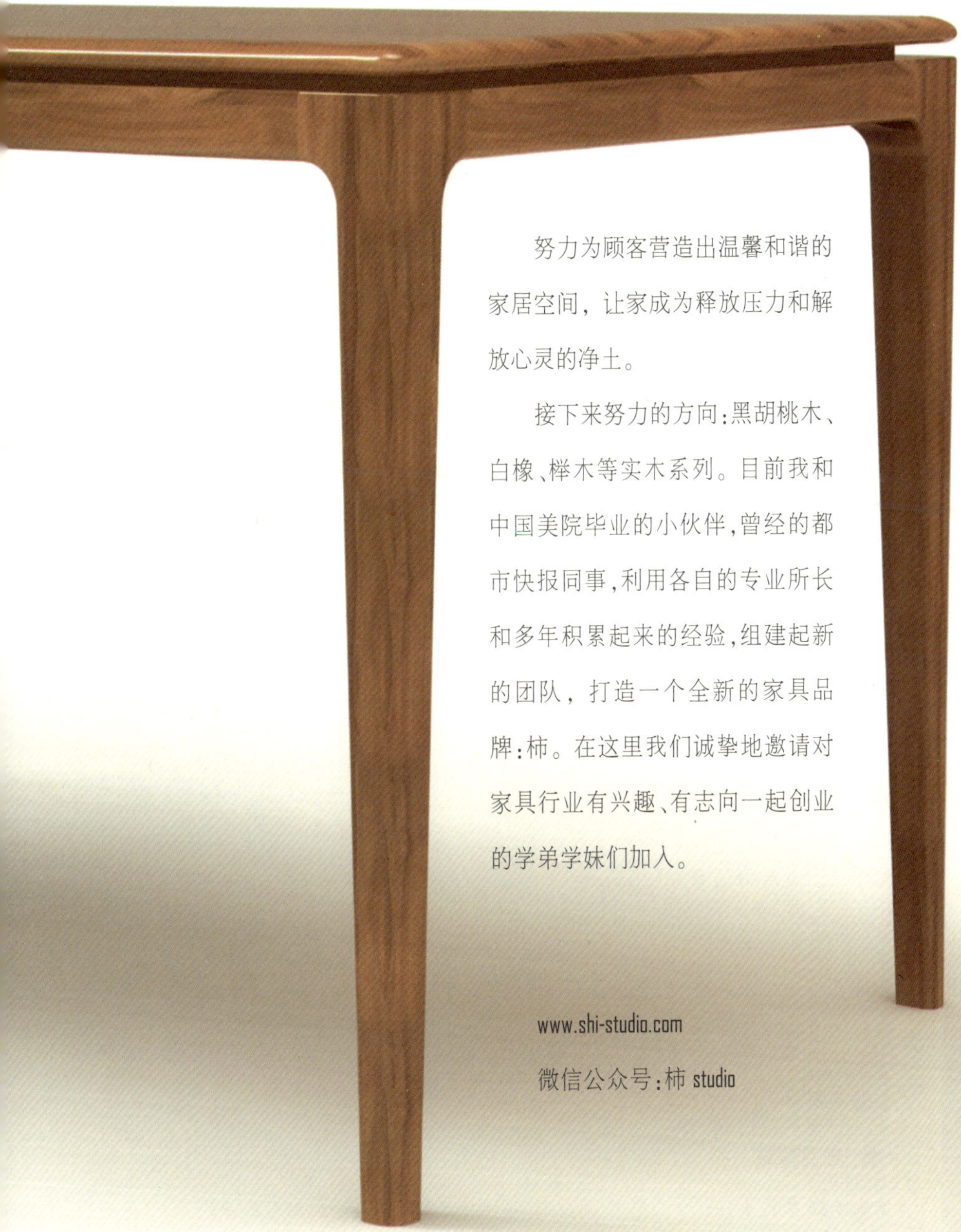

努力为顾客营造出温馨和谐的家居空间，让家成为释放压力和解放心灵的净土。

接下来努力的方向：黑胡桃木、白橡、榉木等实木系列。目前我和中国美院毕业的小伙伴，曾经的都市快报同事，利用各自的专业所长和多年积累起来的经验，组建起新的团队，打造一个全新的家具品牌：柿。在这里我们诚挚地邀请对家具行业有兴趣、有志向一起创业的学弟学妹们加入。

www.shi-studio.com

微信公众号：柿 studio

木头上开出的花

姚　洁　陈露忆

九问吴晓烽

1."你大学四年里有没有想过毕业之后就创业？"

"其实从进校的第一天起，我就没考虑过上班啊、考公务员啊。毕竟出生在经商的家庭，所以我很早就确定了学业结束以后的从业方向。"

2."你最大的爱好是什么？"

"读书的时候是踢球，现在是旅游。"

3."家里人对你的创业选择怎么看？"

"我觉得他们的想法很纠结。内心里他们支持我创业，但又担心我走这条路太辛苦。"

4."大学里面最后悔的事？"

"没有学好英语。"

5."如果再给你一次机会，你会选择创业吗？"

"会。"

6."如果不创业，你会选择做什么？"

"上班族，想当警察。"

7."你喜欢现在的生活吗？"

"痛并快乐着。每天焦头烂额，但又无比憧憬。"

8.“给学弟学妹的建议？”

“多出去走走看看，开阔眼界。”

9.“目前的发展方向是什么？”

“家具行业的电子商务。”

每个人都有一段属于他自己的故事，独一无二，不可复刻。而吴晓烽的故事，正围绕着以下四个关键词徐徐拉开帷幕。

独立

亚里士多德说过：“离群索居者，不是野兽便是神灵。”这里说的离群便是所谓的孤独。很多人都说自己孤独，也有不少人由于孤独就认为自己是一个独立的人。胡适也说过，孤立的人才是最强大的，但往往多数人分不清孤立和独立的边界。也许吴晓烽的经历称不上是孤立，但他的这段独自一人的生活也在某些程度上造就了他强大的内心。

吴晓烽的父母在四川经商，他小时候跟着父母住在四川，在四川上学念书，从小学四年级一直读到了高一上学期。谈到在四川学习的那段时间，吴晓烽很是激动，相比于浙江，他觉得四川的教育方式更人性化。四川的学校分为初高中部，初中部管的比较严；高中部就比较轻松，通常是上课到下午四五点就让学生自己支配自己的时间，

这样安排可以很好地培养学生的学习能力。高一下学期,他因无法异地高考被父母送回浙江念书,当时家里只有他自己一个人。他独自一人去将要入读的高中与校长对接,独自一人搬进了学生宿舍。一个冬天只有阿姨送的一床被子,晚上冻得睡不着觉,加上学习环境与四川那边不一样,学习也很难跟上。

高中的经历给了吴晓烽更加独立的性格。谈起他现在的旅游爱好时,他表示了更倾向于自己一个人出行。“我很喜欢把自己扔在一个陌生环境,感觉这种状态很爽。”考验自己大多数的目的在于考验独立感,也许是被动地接受了高中的独立,但是他的选择让自己在日后的生活里克服了更多的困难。

选择

人生无时无刻不在做着选择。比如在地铁站内上下楼梯,你也可以有两种选择:向左,是自动扶梯;向右,爬楼梯。以前走进地铁站时,我经常都会面临选择困惑。后来抱着面临岔路挑一个方向走下去的心态,分别尝试对比后发现:当选择走扶梯时,扶梯会带着我往前走,相对轻松省力。但是,扶梯的速度是固定的,每个人的位置、顺序也是相对固定的。而选择爬楼梯时,每次都辛苦费力很多。但是,如果我体力状态好,又努力地往前赶,调整位置的选择空间比较大。生活中一件很细小的事,也会给自己带来不同的感受。

一个选择往往会给自己的人生带来很多意想不到的惊喜。在选择创业之前,吴晓烽做过某报社的记者,接触了一些不为人知的“黑幕”,也去过《都市快报》的广告部实习,家里的亲戚还曾要他回去考公务员,但吴晓烽还是选择了去苏州创业。也许他的选择并不是最合心意的,但这个选择给他所带来的却是弥足珍贵的。就像选择上下楼的方式一样,第一次我选择了扶梯,因为它的方便而放弃了爬楼梯的自由;后来我又选择了爬楼梯,也许会羡慕那些比我早一步到达目的地的人,但是他们在机械化的上升途中也会错过很多的风景。趁着现在还有梦想，还有冲劲，还有力量，何不尝试更艰难的选择。

坚持

吴晓烽的微信里有这样一段话："潘石屹说过：'当我骑自行车时，别人说路途太远，根本不可能到达目的地，我没理，半道上我换成小轿车；当我开小轿车时，别人说，小伙子，再往前开就是悬崖峭壁，没路了，我没理，继续往前开，开到悬崖峭壁我换飞机了，结果我去了任何我想去的地方。'要成为自己梦想的守护者，不要让别人告诉你，你的梦想不切实际。梦想，不活在别人眼睛和嘴巴里，而是让自己的生命更加有意义！选择我选择的！坚持我选择的！"从2008年到现在的创业过程中，吴晓烽一如既往地坚持着自己最初的选择。

2008年7月，受父母影响的吴晓烽从一些简单的实木家具制造入手开始自己的创业。创业的第一年，公司的条件十分艰苦，甚至都没有正式的厂房；所租用的厂房是简易房改造过来的，没有电梯，他就在房子外面简易地搭建了一个升降机。升降机常坏常修，常修常坏。与此同时，由于厂房的"三合一"(生产、生活和办公三者合一)性质，消防部门三天两头过来检查。"但是那时候也没办法嘛，只能用砖在生活区和生产区之间砌墙。"就在这样的情况下，公司度过了创业的头两年。

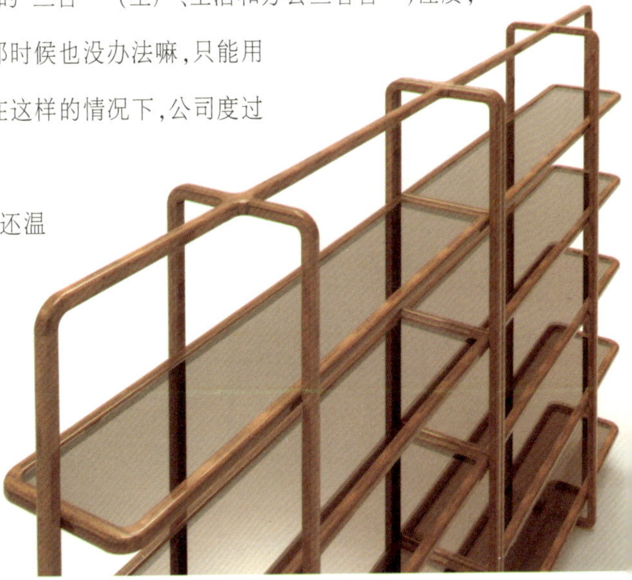

2009年冬天的一个早上，当人们还温暖地躺在被窝中的时候，工厂出事了。一个为了多做点工多赚点工资而早早进行工作的工人，因为天气寒冷手脚没有舒展开，一不留神，右手的手指顺着木材被机器给带了过去。工人的三根手指因此没有了。事故发生后，吴晓烽很是担忧，不是因为钱以及麻烦，而是受伤是否会给工人日后的生活带来一系列不好的影响。工人是从贵州来打工的，在经过协商后，他拒绝了吴晓烽提供的工作岗位，回老家做起自己的生意。逢年过节的时候两人都会互通电话，彼此问候。

要说2009年发生的事故只是让吴晓烽记忆深刻，那么2010年所发生的事则让他到现在还心有余悸。那个时候，因为公司的效益不错，吴晓烽开始准备买土地建新厂房，势头一片大好。“那个时候心就开始浮躁了，感觉做事情还是蛮容易的，然后就想要多方面发展。”想法一出，行动就跟上了。在保持原有公司发展的基础上，他在公司附近租了一幢六千多平方米的厂房，开始打造另一个全新的系列，同时招兵买马，用高出市场近乎两倍的薪资聘请人员。然而，这只是一张美好的蓝图。

“因为2010年这个决策的失误，导致2011年一整年我没有睡过一个安稳觉。”前期投入的数百万资金就像打了水漂而无踪迹，百般无奈之下，吴晓烽只能把这个项目停止了。这也许是他创业过程中最艰苦的一年了。不是因为新建立的营销公司破产，用他的话来说“投资失败是难免的，但在这其中取得的经验对于我以后的工作生活是很有帮助的”。真正让他觉得难挨的原因是在这一年，他的母亲被检查出了重病，这对于创业正处于低谷阶段的吴晓烽来说，又是一记当头棒喝。每个人都不愿意相信这些事会发生在自己身边，吴晓烽也一样，但你又不得不接受。他第一时间便是想陪在母亲身边，陪她一起做手术，照顾她。但是，父亲将他拦了下来。当时，自己的3个工厂以及父母经营的事业不能群龙无首。于是在父亲的安慰下，吴晓烽带着对母亲的担忧，担起了全家的重任。

一波未平一波又起，也可算得上是屋漏偏逢连天雨了。“公司的货车撞到人了，司机说人快不行了……”听到这个消息，他马上赶去事发现场，在交警大队待了一天一夜，积极地配合警方处理事故……

成长

2011年发生的这几件事没能打倒吴晓烽，反而使他更快地成长起来。由于父亲抽身照顾母亲，吴晓烽不仅要管理自己的公司，还要兼顾着父母多年的心血。2012年，从苏州到四川，每个月来回两趟，整一年都没停歇。

“熬不过的时候就骂骂天。”他笑着说。

前两年的经验让吴晓烽不再激进，而是一步一个脚印地走着。这两年致雅家具慢慢接触到一些较为有名的企业，所以公司的业务不再局限于民用家具的制造，而是将触角伸向了其他知名品牌的外加工。

“日本人不像中国人在测量木材长度的时候用卷尺，他们会用刻度尺的。”这句话源自吴晓烽的公司在与无印良品接触之后的感受。

当时公司将对方所需要的样品拿过去后，对方的设计人员说：“这个样品好像差几毫米啊？”

“几毫米？差不多啊。”吴晓烽随即回应道。

“差不多？呵呵。”刚来华没多久的日本主管操着一口不标准的普通话反问。

“但不得不佩服的是日本人的工匠精神。”每一件家具都是一个艺术品，不仅仅是把它拼接成型就好了。设计图纸、选择木材、磨光、擦色、上油漆……每一道工序都需要工作人员用心去做。

这件事情之后，吴晓烽对于家具制造的要求也愈加地严格起来。

“做事要稳”，这是采访中吴晓烽一直强调的点。特别是干他们这行的，不能有半点虚假，差之毫厘，失之千里。现在，公司已经进入了平稳发展的时期，不甘于让生活就此平静的吴晓烽又开始准备投资新的项目，涉足电子商务领域。这对于吴晓烽来说又是陌生的领域，但有着先前的经验和教训，相信他在这条路上能够越走越远。

暂时的失败不代表永远的失利，一时的成功也不表示将来的成功。即使在同一年里遇到对如此多的困难，吴晓烽仍是笑着面对。遇到困难不算什么，重要的是你面对困难的态度。吴晓烽用自己的努力坚持和面对困难的不屈在家具行业这片花圃中开出了一朵花香四溢的美丽花。

【访谈手记】

访谈是在晚上。与其说是采访，更不如说是聊天。吴晓烽是一个幽默风趣的人，将创业这几年来的故事用很轻松愉快的方式说了出来，讲到他这几年在创业过程中遇到的困难也是用最平常不过的语气，就像是在叙述别人的故事一样。

我很喜欢他待人处事的风格，很真实，也很真诚。他说自己是一个很普通的人，只懂得实干，和其他广告学专业的毕业生不一样，他们都是在做创意。而我却觉得，成功的人并不一定都是那些不平凡的人。

（采访人：姚洁）

很庆幸有这个机会让我接触到吴晓烽。采访的过程中，他同行的好友一直打趣他是农村实业家，我认为这正是一种对其事业的夸奖。虽然当前社会中的服务业不断发展，但是实业仍旧处于一个基础且重要的位置。从广告学专业毕业的吴晓烽踏踏实实地在家具制造业中开辟出属于自己的天地，这让我感到惊讶更感到佩服。

（采访人：陈露忆）

吴晓烽
苏州致雅家具有限公司

如果说创业是没有彩排的人生，那脚踏实地其实就是通往成功的捷径。在成长的道路上，每个人都会寻求过学习、工作、财富的捷径，但最后也都会懂得：所谓的捷径就是脚踏实地地做好每一件事情，点点滴滴的积累，最后就会成就山川大河。吴晓烽的创业是成功的，因为他的经历使得他早早丢掉了浮躁，懂得了脚踏实地和风险控制，他不妄自菲薄，不纸上谈兵，信奉“做的永远要比说的领先一步”的箴言。创业就是一个努力完善自我的人生，这样的人生不用彩排，即便会有遗憾，但绝不会后悔，也注定会精彩。

（点评：张健康）

杭州开门见山广告有限公司

联合创始人

刘　畅

IMPACTFUL AD

合伙人合影(左二为刘畅)

三十不器

刘　畅

“我有三个优点,做事投入,一心不二用;思路清晰,透过现象看本质;目的单纯,努力让事情进入正确轨道。”2008 年 6 月,应届毕业生的我正式加入脑白金公司,当时面试我的是个大人物,巨人集团副总裁程晨。我与史老板的聚焦论不谋而合,这段自卖自夸让程总觉得可能是个好苗子。

我想我要好好干,毕业后的一年始终保持紧绷的学习状态,《定位》《营销战》《蔚蓝诡计》《我的广告生涯——科学的广告》等都是这阶段“啃”的,逐渐形成了相对先进且固执的营销传播知识体系。

在巨人公司第二年,我升职为黄金搭档全国品牌主管,当然是公司有史以来最快提拔的。这可能跟一进公司就完成黄金酒产品的全国试点任务有关。我被特派的河南新乡试点成功后,老史便宣布启动全国试点,我的后期工作始终保持在一定水准之上。一时间感觉不是我个人努力去提升,而是整个公司所有人在推着我前进。

“如果你觉得自己太厉害,会不会是因为周围的人不够强。”

好,那我去创业吧。

“人生没有多余的经历。”

“人生没有多余的经历。”是的,这是创业失败后,一位亦师亦友的伙伴送来的温暖。

2009 年底,我找了几个合伙人,凑了 150 万,当上了公司老总,率领公司全体员工开发一款自有品牌功能型酒。当时“摸着石头过河”,但我更想走捷径。150 万元的前期投资款 3 个月时间即告“烧”完后,又追加 50 万元投资。一条副城包围主城也许能成功的道路快摸索出头的时候,公司股东产生分歧并上升至产生信任危机直接导致公司散伙。

“丑话说在合伙之前”“与上升区间的人合作风险低”“现金为王”是经验教训。我忘不了在广东三水神似某品交易的供货点时,半夜被面包车从徐州“押送”至郓城找酒瓶的经历,当时真有着忐忑而又新鲜的兴奋劲和有天有地的创业快感。

若是换成现在的我去经历从前的事,我会多一些坚持和方法,故事情节将截然不同。

“人生就像一支射出的箭,不再回头,一直向前。”

我在家悠哉了半年之后,开始再就业。毕竟我曾经有过从事 4A 广告业的梦想,这次再就业算是一次甲方至乙方的回归。在杭州及时沟通广告公司待了近 3 年的时间,那段日子现在回想起来真是非常快乐。在公司我除了负责一些地产项目,还协助开拓新的战场——杭州及时文创、公益广告整合及文创产品开发。

“有的人站在风口,有的人独具匠心。”

李克强总理“互联网 +”计划提出,以快制胜成为创业主旋律,那么跟不上节奏的我们,是否可以静下来,用工匠精神,好好雕琢产品。

我选择和三位志同道合的伙伴一起二次创业,干好老本行。杭州“开门见山”广告公司,于 2014 年年初诞生。除了“开业骑行西藏见山”计划流产,公司整体运营状况良好。

公司目前服务于世茂、复地、绿地、金科等全国知名开发商的十余个项目，绿城明星项目“桃李春风”和新加坡地产龙头吉宝也都成为“开门见山”的客户。是机会亦是挑战，“开门见山”已然成为杭州地产广告公司中的新锐力量。

“对未来焦虑是一种弱者行为。”

随着公司经营进入正轨，越来越多的工作需要去完成。在没有想好更明确的目标之前，我们正在全心全意将手上的工作做到极致。

随着年龄迈过而立，经历不少因缘际会，才发现人的渺小。没有王思聪的命，也成不了马云，不如自在一些。哪些事做了觉得舒坦就去做，哪些事觉得会后悔就克制一下，不装× 、不伪善、不感动自己。

该做的都做了，结果也差不到哪儿去。

在此，感谢所有关注和支持“开门见山”的朋友，我们会继续努力。

2014 年巨人品牌中心老同事聚会
（前排左三为刘畅）

开门见
“开门见山”

絮絮叨叨，不如开门见山。

首先，“开门见山”是一家幸运的公司，2014 年过完年开始用所学做点营生。

2013 年冬，哥几个工作之余玩起了拍片子(关于梦想的)，拍着拍着兴奋起来，觉得或许有另一种活法，于是片子也不拍了，买了 4 辆单车，提前 3 个月辞了职，准备去西藏见见山。

好故事必有曲折。一个无锡的电话，制造了第一次分歧：当项目来敲门，西藏还骑不骑？开始干活吧，或者说，服务业本应把客户的需求摆在第一位。所以哥几个把这股劲撒在了做事上。截至 2015 年 10 月，我们为十余个地产项目提供了服务，年营业额保

600 万元冲 800 万元，人员规模也从四杆老枪发展到有二十余名同事。最近因为搬新场地，当初共事的伙伴离开了几个，我们很感谢他们。

“开门见山”是家小公司，并且我们也不愿意做得太大。

从事传统广告这一行当，大家日子可以过得好一些，却发不了财。30 个人破千万是利润黄金区间，希望在利润过得去的基础上，还静得下心做点对得起行业的作品，在圈内圈外保持点气质，挺好。当然人还是要上进的，有点闲工夫，可以钻研点其他门道，去做些更有乐趣和意义的事情，交一些朋友。

目前的“开门见山”，是 3 个胖子和 1 个瘦子开的一家公司，开始慢慢学习管理。

因为我们四杆老枪都不太喜欢跳槽，所以在管理这块见识少。创业初期，我们单纯地想对员工好，脏活累活一肩扛，公司氛围极好。然而时间一长，就产生了这样的结果：瘦子不长肉，胖子过劳肥。为公司长远考虑，我们召集所有同事聊了次天。“真正对员工负责，其实是让他快速成长”

2.0 时代矩阵国际办公场地

“真正牛× 的公司，不是聚集了大量牛× 的人，而是能激发普通人的潜能使之牛× ”，是为结论。于是突然感觉到，“开门见山”不仅仅是我们四个人的未来，是公司所有人的未来，我们应该搭建中坚，学会放手。

开公司也并没有特别难，价值观和方法论总是在争论中形成统一，心中坦荡，方能开门见山。合伙人机制促成个人修为、合作智慧的提升，边悟道边行走。

加入开门见山，仿佛回到校园。

毕业几年，依然保持单纯是非常美好的。一位已经离职去大上海闯荡的姑娘进公司的时候正值失恋，说一到公司，大家伙傻乐傻乐的，就把不愉快的都忘记了。希望她在魔都依然快乐。大家没什么钩心斗角。最近新场地空间大了，我们四个搬离办公区，大家上班更开心了。他们说，“骂老板是公司文化必不可少的重要元素，情绪发泄的重要渠道”“朋友圈传递负能量不屏蔽老板，说明还把你当朋友”，听着挺自豪。

2015 台湾游

广告公司的真正友谊建立在加班之时和工作之余。公司除了组织年度旅游（2015 年台湾装× ，2016 年内蒙古撒野）外，在行政 MM 的带领下，还开展了诸如 BBQ、螃蟹盛宴、美食 DIY、郊区素拓、德州扑克大赛、电子竞技（2K、实况）、真人 CS 等小活动。

钱花得太快，就得去赚，我们定期组织“外来和尚念经”和不定期组织“内部扯淡”，分享产生化学反应，不断蜕变。

有时候在想，开门见山就像一艘远行的船，欢乐和自由的空气弥漫着整艘船，船沉了，就啥都没了，所以上班时间一般不打游戏。

“开门见山”用作品说话。因为年纪轻公司新，没有太多的规矩，但想要获得客户和业内的尊重，在一些问题上必须达成共识。比如，公司里什么样的人应该受到尊敬，专业牛能打硬仗，情商高能搞定客户，心态好愿意多付出。这一段的中心思想是讲产品，做任何企业，产品是第一位的，是我们的名片，敷衍了事，就是打自己的脸。

产品好不好，取决于市场和客户的需求。做广告如此，创业亦如此。很多大的广告公司倒塌，源自形成套路后无力更新。方法论是有心者的利器。做广告没有一劳永逸，成功的经验也可能成为下一次成功的羁绊。

要对得起“开门见山”（直接而有效）这样的名字，一切从需求出发是肯定要坚持的，也希望公司多一些这样的偏执狂。

红，是早晚的事。

2015 年，我们四个人在网上算了命，说都还可以。于是，金科、世茂、复地、吉宝（新加坡）、绿城、绿地、万科等大牌开发商先后选择“开门见山”，这样的客户构架，对于一家二年级的广告公司而言，比较难得。且在实战中形成了“一高一快战术”“二次吹牛传播”“一个 P 项目分解”等工作方法，客户纷纷点赞，并争相为我们介绍新客户。2015 年，杭州现象级神盘——绿城“桃李春风”的成功合作，确实让公司站上一个新的台阶。接下

2015 八卦田专业分享

去会有更多跳脱地产思维的好作品。

如果说，运气满分为100的话，“开门见山”开业两年不到，已经遇上了95分，所以我们更要将接下来的路走扎实。天道酬勤，我们又有天赋，气质也不错，慢慢来。

“开门见山”，并不是一家特别“聪明”的公司，所以把眼前的事先做好。

公司旁放松心情的小路

说一个人聪明，一般是说他心慧和脑子灵活，我们几个充其量只是在广告领域脑子还不错。聪明人在这速成的时代赚着大钱快钱，“开门见山”却选择不走捷径。

某人善画竹，名满天下。可他的老师对他说，你尚未入门。问：“如何得入？”答：“要在心里觉得你就是竹子。”其人乃去，终日站在竹林中。风起，竹摇，其人亦摇。如此十年过去。一日，师往探之，见其在竹林中闭目凝神，随风摇摆。师视良久说，好，可这还不够，你要忘掉你是竹子这件事。又三年。师复探之，曰，汝成矣。

这是前段时间朴树讲的故事，也是我们喜欢的对待时间的态度。

ANLI典型案例

一场以内容取胜的营销攻坚

在杭州的广告公司最好是有一个绿城的项目，而2015年绿城最红的项目——“桃李春风”，在我们手上。

“情怀人居”“社群效应”“粉丝经济”是当下房地产行业的热词，诸如良渚文化村、阿那亚黄金海岸、聚龙小镇等现象级神盘横空出世，凭着绿城的粉丝群，83方的好产品，此起彼伏的营销高潮，桃李春风亦位列其中。

运作绿城，意味着一条超48万阅读量的干货微信（与地产公知杨广宏老师共同创作），一次反互联网思维的手工全球谢客，史上首本客户自己写的楼书，七条原生态客户纪录片，一场没有旁观者的生活发布会，等等。仅依托微信渠道和线下活动，就成就了长期处于杭州TOP10之首的官微公众号，营销中心长期人员爆满，一次开盘卖出青山湖一年的销量，400套别墅1个月内无房可卖，“桃李春风”的佳绩一时被业内传为神话。

这样的佳绩，对我们与绿城项目团队一起经历的呕心沥血，也算有个交代。

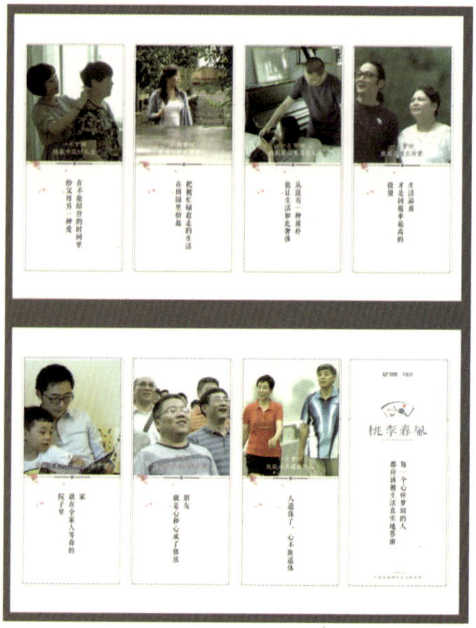

一套高高低低的热销折腾大法

无锡金科世界城，是“开门见山”的“初恋”，也是剥夺西藏骑行的“刽子手”，对它我们真是又爱又恨。

面对总销售面积达 100 万平方米的大盘，以及温柔的无锡楼市（几年不涨价的行情），如何打造南长区的持续销售冠军？我们与金科项目团队共同研讨出一个月拔形象秀产品、一个月降价格扫地面的连环打法。

一道与行业潮流逆行的光

“慈溪复地御上海”是我们合作的又一个项目，忘不了甲方人事调整后我们备受折磨与屈辱的一个月，最终还是丢了项目。服务要软，专业要硬，最后还得认命。

合作初期，营销总监给了要求，第一，传播要从慈溪人有视野爱炫耀的特征出发，把区域第一豪宅的气度呈现出来；第二，视觉要独一无二，做标杆，做明星。所以我们选择手工个性定制的销售方式，当然，“开门见山”不缺匠人。感谢复地，在这快疯了的时代，给了我们一次慢工出细活的机会。

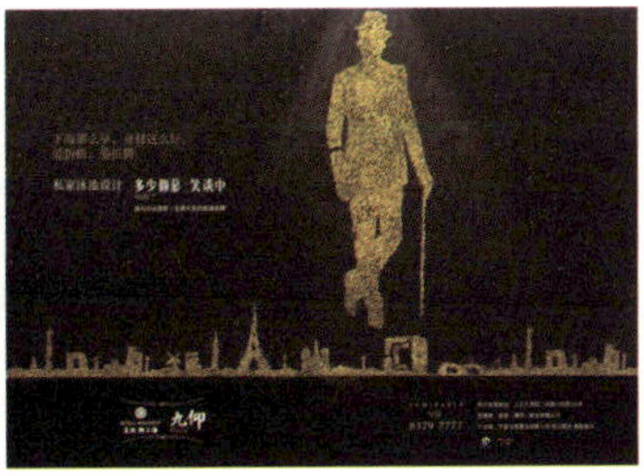

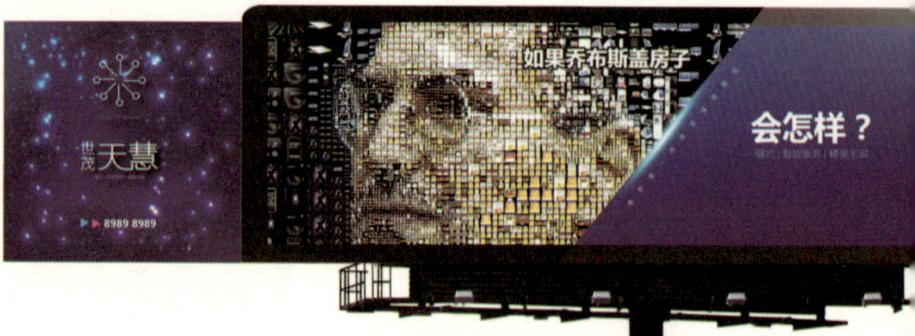

一次功败垂成的黯然神伤

宁波世茂城，后改名天慧。一个比稿2次，“开门见山”2次都胜出的项目，也是宁波江北比较具悲剧色彩的一个楼盘。

我们与世茂项目团队一起走访市场研究产品，预打造宁波首个智慧社区。该项目后因综合原因夭折，不然又将贡献一个经典案例。

一轮将心比心的自我修炼

项目“安吉吉星公馆”的老板是城市学院学弟的爹，营销负责人是回国历练未来天将降更大任于其身的学弟。“开门见山”不是一家复合型的广告公司，但对项目和朋友得负责，所以我们开始了对未知领域的学习。

上面是故事，下面是方法。

消费者是唯一的老师，所以好的核心广告语一定是消费者可以拿来向朋友吹牛×的话。我们从安吉人本位出发，用方言论证“主城区”“压力小”“刚需客”几个关键词，提炼出“年纪轻轻，住市中心”的核心概念，在安吉获得广泛的共鸣。另外，包括产品角度“极致90方3房有4厅”卖点挖掘，“十万火急抢吉星”“黄金边套送黄金”等促销手段，一系列战术打法对于尚处于地产营销初级阶段的安吉市场，展示了更多可能，也抢了小半壁市场份额。

至此，无愧于心。

IMPACTFUL AD

一路向前

鲍　雨

“人总要把自己生命的精华都调动起来，倾力一搏，像干将莫邪一样，把生命炼进自己的剑里。这，才叫活着！”从刘畅的微信中看到这样的表述，他会是怎样的一个人？

初见刘畅，一边忙碌着安排工作，一边略带腼腆地和我说“马上马上，再给我十分钟”。忙碌过后请我喝星巴克，开始娓娓道来。与入选2007年第十六届时报广告金犊奖国际复决审、受组委会邀请赴北京参加颁奖典礼的照片上的他相比，现实中的刘畅是一个青涩英俊的书生气男孩，略显发福，寸头T恤运动裤，亲切而直率。

刘畅说，他并不是一个传统意义上的好学生，大一大二无忧无虑的时光很快乐，直到大三，想认真做点事，开始组团队玩广告竞赛。一个人去广告人书店看半天贵的书买一本20元的《意》杂志，去浙大听课，走火入魔，走路坐公车上洗手间无时无刻想创意，凌晨三点会惊醒……然后拿了一些奖。最骄傲的事就是兑现参赛前跟团队说的“我带你们去北京（领奖）”的承诺，然后在去往北京的火车上怡然自得，与伙伴们举杯。当我问起知不知道他的参赛作品曾经“占领”过地下长廊优秀作品展，他爽朗地笑着说：“除了‘畅饮北京’有一套还可以，其他都是渣渣。”

当我们聊起4A广告公司，刘畅两眼开始放光，那是他们毕业后一根筋的选择，然而不圆满的故事，才能成就人生。从参加大学竞赛到入职“脑白金”，创业做“西湖缘酒”，回到老本行打工，再到如今的“开门见山”广告公司，短短几年，刘畅经历颇多。不知道我们毕业的时候，等待我们的会是什么。

“大家觉得创业苦，其实也还好，我最拼的时候是刚毕业那会，”刘畅进入回忆模式，“基本每周两本书，一个人在上海，朋友也不多。当时年纪小，每次跟领导开会就被第一个点名谈想法。无知就很羞愧，所以买了本子，每天工作日记，哪些收获哪些失策。我还有一个非常好的工作习惯，汇报工作、发现问题、谈解决办法，尝试分别从部门负责人、总经理、董事长的立场去分析问题。在出差的火车和飞机上，我会将这段时间的理论联系实际进行消化并融会贯通，那种海绵吸水似的成长着实让人欢喜。”一分付出一分收获，在巨人集团的小成功，得来很费功夫。

“现在在校生就有很多创业的想法，您怎么看？”

“都是成长的过程，学会整合手头的资源，分院的老师就是学校最好的资源，老师总是希望学生好，这是与社会上人际关系的区别，想做就去认真做呗。”

“畅哥您大学阶段最喜欢或者擅长哪门课？”我饶有兴致问道。

“考试能过的课。”他严肃地抛出了答案，“学广告挺好，不管以后是否从事这一行业，好好学，受益匪浅，比如自我定位，你擅长什么，你周边的人擅长什么，而工作岗位需要什么。也有问题，是门杂学，门槛太低，当大家都浮夸于表面，你能够扎根于某些领域，才能获得他人的尊重和自我的满足。”

“‘开门见山’广告，为什么叫这个名字？”

“现在信息量太大，直接而有效、猛一点的广告更能赢得关注；另外就是不管是与客户，与员工，还是合伙人之间，大家将内耗降到最低，把心底的话说出来，更有利于项目服务和公司发展。”

“猛一点的广告？”

“如果不能像一根针一样扎进客户的心窝，就要用重锤把他砸晕。一方面是技艺的层面，一方面是创意的源点。当然这里面也有矛盾，好广告的评判标准因人而异，如果从实效主义来看，改变客户的观念继而改变客户的行为，就是有效的广告。飞机稿，因为竞赛的原因，我也很喜欢，不过一路走来，接触的都是传播策略或者客户沟通，创意这块还在吃大学里的老本，没有以前那么新锐了。有时候半夜一个人看看好的广告片，还能找回以前读书时的快感。”

“你骨子里是一个热爱广告的人？”

“扪心自问过，是的。偏爱泰国广告。”

“最满意的作品是什么？”

“‘开门见山’的客户都挺喜欢我。”

“想做一家怎样的公司？”

“还没想好。”

“还没想好？”

“是的，我一直以为能称之为事业的，应该具备像马云当时的十八罗汉一样，有一个伟大的使命驱动每一位成员为之奋斗，并获得优质的物质精神回报。很显然，房地产广告不是。第一步先生存，也是向社会学习发展的过程。把基本工作做扎实，个人历练提升，团队培养起来，慢慢扎根社会，机会就会来。”

“这是个任重道远的过程。”

“确实，不过当下要做一些有质量的作品，做一家气质出众的公司。”

“气质出众？”

“以前听说最早一批干广告的都是富二代，驾跑车在纽约麦迪逊大道上下班，后来他们觉得太苦了，之后就是屌丝们的天下了。广告主为什么要尊重屌丝？所以要想办法脱屌，争取让‘开门见山’每一个员工都有好的福利，好的视野，喜欢今天的自己，期待明天的自己。目前还没做到，但会一步步努力。我们开业第一年，就台湾游，明年春天，去内蒙古踏青，都挺有意思的。”

“城市学院的学生普遍经济条件不错，公司里学弟学妹多么？”

“每个阶段都有，就像母校带给我的礼物。城市学院的学生比较主动，情商高，上手快；问题也出在家庭条件都比较好，选择会比较多，心思活络，没那么沉得下心。当然我也经历过这样一个时间段，几条捷径都没成功。其实折腾来折腾去，层面不会相差太多，这些感悟，只有交给时间。”

“听说广告人特爱折腾，流动比较快，不知道‘开门见山’怎么样？”

“慢慢开始了，随着公司的扩大，工作强度也越来越大，首先这是一个辛苦的行业，看到大家频繁加班也不是滋味，一些同事想换一种生活状态，离开了；这也是一个能够不拼爹不用潜规则就获得不错报酬和尊重的行业，所以自然也有人来。我们要做的是，要让公司性格更鲜明，这样慕名而来的也会志同道合，少去很多麻烦。”

“会不会很伤感？”

“有一些，我还好，因为要用宽阔的胸怀去理解，该不该走的标准是下一步会不会发展得更好。所以一般同事离职，我会尝试用自己的经验和资源，看能否帮上点忙。想明白了，如果大家都发展得更好，我们肯定会更好。”

…………

匆匆交流了1个多小时，刘畅的电话频繁响起，他却尽可能没接或者长话短说，考虑到不影响“开门见山”的工作，我主动提出学长先忙，下次有机会再聊。

“最后有什么话想跟母校，学弟学妹们说？”

“大学是最好的时光，抓紧时间想干嘛干嘛。”

【访谈手记】

返校路上，“什么心结什么果”，刘畅的话一直回响，做人做事，确实如此，站在人生的维度，付出与收获守衡，没有捷径。他说“人生就像一支射出的箭，一路向前，不再回头”，深受启发，少一些负能量和小情绪，就会有更多的精力去成长。

感谢此次采访，感谢刘畅的开门见山。当他说起这并不是一家聪明的公司时，仿佛就在说自己的拙朴与踏实。这真是开门见山，令我深深感受到创业需要实实在在，来不得一丁点的虚浮。

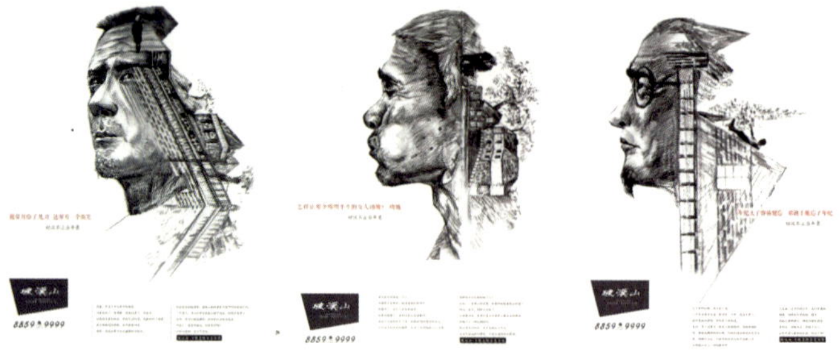

飞机稿，骚动很多人

刘畅
杭州开门见山广告有限公司

开门见山，是沟通的态度。直接、坦诚、有效，对营销传播的理解随着年纪的增长和工作历练越来越深入和清晰。刘畅，也不再是那个在学校里只会和团队玩创意的刘畅了。

当然，只有一个刘畅。金犊奖的刘畅，有4A情怀的刘畅，孤身闯市场的刘畅，“开门见山”的刘畅。从甲方到乙方，从传播到市场，从创业到再创业，格局和专业伴随着刘畅一步步走来。

我了解的刘畅，是向上的曲线，不曾中断。爱学习了，思考问题了，完成项目了，又有新的小伙伴了，心静下来了，更踏实了。

经历是财富，征服的锐气一如既往。

山，在门外。站在山巅，是更美的风景。

（点评：骆小欢）

中联网仓科技有限公司 董事会董事
中联网仓品牌管理有限公司 总裁
叶萍萍

创业，就是一个寻找人生价值和意义的过程

叶萍萍

我在大学期间就是个“折腾到停不下来”的人，穿梭在参加专业比赛、在校创业、校外实习这几个很跨界的状态里，忙得不可开交，是个极其不安分的人，别人包括我自己都觉得毕业后不会选择找个安稳的工作去打工。

但在临近毕业时，虽然成长在创业的家庭氛围中，也可以有父母的一些支持，但最终并没有跟随毕业就创业的这股热潮。这多少是因为在毕业之前选择了一份让我看到更大世界的实习岗位吧。那时候在阿里巴巴集团市场部实习，看到了成千上万互联网创业故事，接触到很多很多草根创业者，感觉一下子打开了一扇探索商业和创业的大门，那些成功的、失败的背后，有太多太多的经验可以去总结。

毕业后，冷静地想想自己不具备创业的条件还太多太多，就再也没有过短期内创业的想法，而是选择留在了阿里巴巴。回想起来，当初就像一块刚出校园的干海绵，每天都在不断吸收养分，那是一段美好而珍贵的实习经历。

令我感到幸运的是，转正后的工作中所接触到的模块还是跟创业和电商相关，负责的项目全是作为电子商务领头羊的阿里巴巴在全球选拔创业者标杆而运作的一些市场项目。当时我参与负责评选“全球十佳网商”“全球十佳网货品牌”“全球十佳服务商”

项目，这让我有足够多的机会去熟知和接触整个电子商务生态链各个环节上的企业和创业者，他们也是最早获取信息、感知互联网各个方向上未来发展趋势的一批人。同时，在这个过程中，我又担任了几年阿里集团最大品牌活动“网商大会”的总导演，参与运营阿里集团最高端的商家人脉圈，这些工作让我得以在线下实实在在地有机会跟那些最成功也最折腾的互联网创业者成为朋友，与这些在电子商务浪潮之巅的弄潮儿共同感受他们创业经历的酸甜苦辣。在我从事第一份工作的5年中，我所获得的知识、经验、价值观和理想主义的情怀都深深地带有阿里巴巴和互联网的深刻烙印。显然这对我来说，是一笔巨大的人生财富，却也成为最后促使我考虑离开阿里加入创业项目的重要因素。

2013年，电子商务进入更加高速的发展期，以阿里为代表的电商平台竞争愈加激烈，但这个行业也存在很多需要跟上的环节，例如仓储物流。2013年7月，工作上有一系列的项目走访机会，大家在前几站走访电商企业中都深深感受到了电商表面光环下经营的困境。越来越重视消费者体验的时代，仓储、快递物流等环节的落后束缚了发展的手脚。这个瓶颈其实在2012年就已经在工作中发现，当时阿里的各种研究中心也都在研究这个课题，只是突破瓶颈的探讨更多还停留在理论上。于是，项目走访的最后一站，我选择走访一个还在成型中的仓储物流项目，创始人是一名特种兵转型做电商而后立志颠覆整个电商仓储物流行业标准的80后，一天的深入交流，这个项目让我热血沸腾，传统的电商仓储硬件和系统已经远远落后于前端订单的需求，纯人工在老旧厂房仓库内的订单拣选和打包工作在目前的电商发展阶段应该被颠覆，才能使整个电子商务行业有一个更强劲的助推器。而这个项目就是引进欧洲进口的专业设备，自主研发针对中国本土电商需求的订单处理系统，利用高自动化的设备、系统和运营理念，帮助商家解决后端供应链的瓶颈，提升消费者的体验度。我感觉到加入创业的时刻到了，沉淀了这些年，一直在“空中”研究和学习，不想进入已经竞争得头破血流的B2C电商卖货领域，但不做“掘金者”可以做“卖水”的服务商，这个领域是需求倒逼的空白爆发领域，也是时候实实在在加入一家初创型好企业去参与经营了。

身上流淌着的“务实的理想主义情怀”，促使我一直在等待一个机会，希望所做的这份事业能为改变世界、改变行业做出哪怕一丁点的代表性贡献，而目前选择的这个领域就有可能颠覆整个中国目前滞后的仓储物流现状，成为这个阶段里程碑式的企业。

于是，2013年8月，离阿里上市还有一年，等不及兑现手里价值500多万的股票，毅然决然放弃一切加入了这个现代化仓储物流创业团队，成了一起开疆拓土的创业成员之一。

目前，虽然还在努力奋斗的路上，但也取得了不错的成绩。公司成功完成了A轮融资，估值也从1个多亿升到了4个多亿，B轮融资和上市计划也在稳步推进过程中。未来公司的发展和战略蓝图已经在心中酝酿成型，剩下的就唯有跟伙伴们继续努力，去实现这个梦想！

最理解你的仓配中心

中联网仓是基于互联网、聚焦电商与物流的供应链管理公司。业务涵盖运营管理、数据管理、投资管理、品牌招商、互联网金融等多个板块。同时，作为专业高效的第三方电商仓配服务领导者，以及国内领先的自动化仓库集成与运营服务提供商，推行“1+7+N”布局模式，未来三年内将在全国建成并运营超过500万平方米的中心仓+配套仓储规划，形成贯通全国的超级仓储物流体系。

公司架构

投资管理

· 旗下中联网仓产业投资基金基于互联网、聚焦电商与物流

· 中国电商物流领域最专业的投资管理团队

· 依托中联网仓产融整合平台为企业提供后续支持

· 着眼于具有较大市场潜力的细分行业和领域

运营管理

· 集合国内专业的仓储物流运营人才和国际专家团队

· 具备丰富的库房管理以及自动化仓配中心运营经验

· 全方位军事化管理，打造极致服务

业务介绍

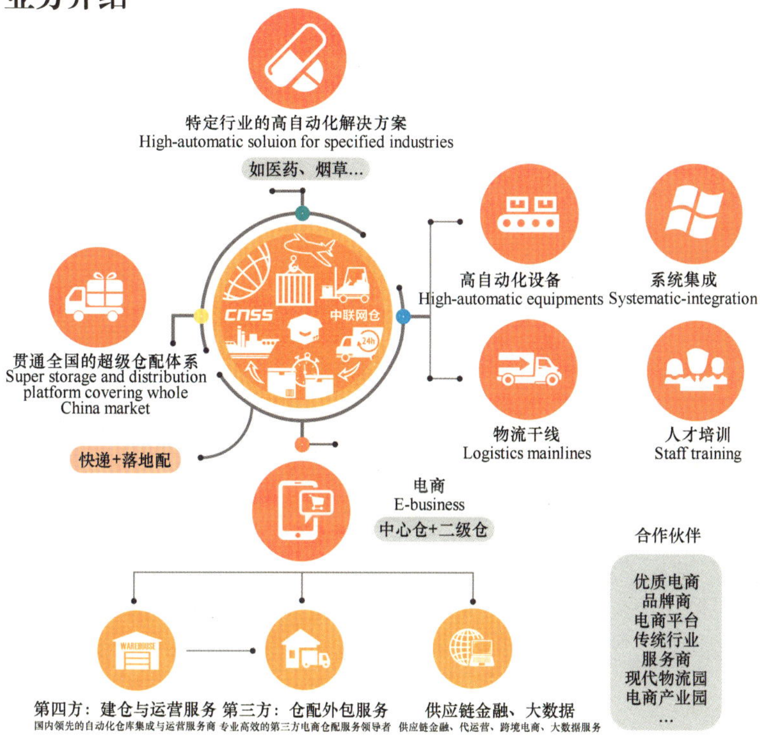

合作伙伴

淘宝网 天猫 TMALL.COM 1号店 聚美优品 JUMEI.COM JD.COM 京东 IBM SF EXPRESS

御泥坊 都市丽人 1001夜 唯品会 VIPSHOP.COM 网店管家 中粮 COFCO STO 申通快递

五芳斋 WU FANG ZHAI MWAMI 柏年康成 德力赛恩 E店宝软件 旺店通ERP 圆通速递 EXPRESS

MNWKA OZARK GEAR 北大荒集团 翼商网络 新光集团 NEOGLORY GROUP ZTO

Columbia 蜀道香 shopex 商派 管易软件 驭宝网络 CFLD 华夏幸福 YUNDA 韵达快递

DUSTO 大东 nuheel/如熙 宏巍软件 杰夫电商 清枫数据 BOTON 宝通物流 EMS

DAIFUKU Damon 德马 okamura TGW SCG 信达物联 XINDECO IOT Top Tiger

INFORM GLOW 格勒包装 TANTARA uComit TCL SUMEC HighJump

ASSA ABLOY Intelligrated GuanGang Euroline ENTREMATIC VANDERLANDE KNAPP BMRI

INTERROLL TGHNP

我们的服务

专业高效的第三方电商仓配外包服务领导者

中联网仓集合了国际物流仓储的高级专家和国内物流行业领先的专业人才。在江苏打造的华东旗舰仓，作为国内首家高自动化电商仓配中心，采用欧洲进口的分拣设备、输送设备以及量身定制的第三方仓储软件系统。目前已建成的一期 50 000 平方米高自动化仓配中心，具备日均处理 150 万件货品、一键开启大促模式、峰值处理 200 万件货品的超强处理能力，为所有的合作伙伴提供最专业优质的第三方仓储物流配送服务。

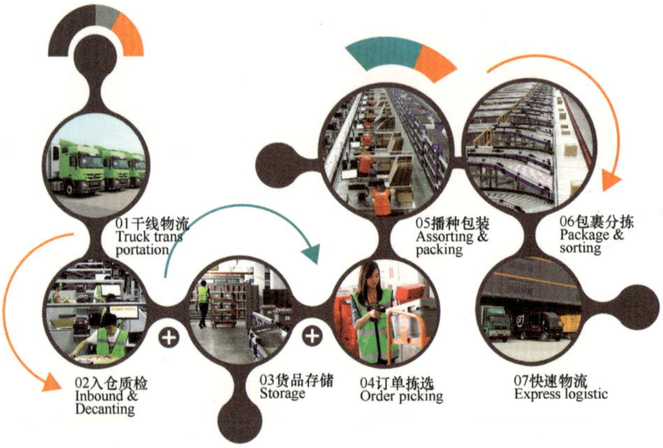

第四方：建商与运营服务

整合国际顶级自动化设备系统集成资源，结合丰富的行业运营经验及客户实际需求，深度规划 + 专业研讨 + 精益落地，专注于打造最理解客户需求的仓配中心项目。同时，匹配中联网仓体系强大的品牌、招商、运营管理输出资源的支撑，大大缩短磨合期，实现无缝过渡。

中联网仓典型案例

用事实说话！

【成功支撑品牌客户，轻松应对大促爆发性的订单增长】

全国专卖店超过1 000家，女鞋类前三

5月中旬　货品质检入库，上架存储

制定全套解决方案

6月26日　3小时处理 60 000订单

【发挥成本控制优势，为客户节约物流成本】

五芳斋集团年产3亿只粽子

2014年物流成本占比直接下降6个百分点

挽回发货问题造成的损失超 300万

2015年物流成本占比继续下降5个百分点

挽回发货问题造成的损失超 500万

【智能系统精准管理，提升客户购物体验】

中国天然矿物养肤第一品牌

全方位提升客户购物体验

解决化妆品类目一单多件准确率困扰

发货准确率目前保持 100%

自我寻找比财富更有价值

王 迎

2014年双十一前夕的某天晚上，杭州市舟山东路。

夜晚的舟东，磕绊不平的路面，油烟香气扑鼻的沿街小吃摊，迎门待客生意正酣的各色店铺，在并行三人就嫌逼仄的小路里见缝穿行的人群，四面八方挤进涌出又不知源头的熙攘，和没有路灯的弄堂里静置的废弃花盆，水泥台阶和锈铁门。

忽然十几人的摩托车队列队驶入，刺眼的车灯贯穿舟山东路，紧接着跟入一辆房车。工作人员忙碌而有条不紊地铺设红地毯，打开聚光灯，布置现场。围观的人们已经将舟山东路堵得水泄不通，音乐一响，从房车里走出穿着光鲜亮丽的模特，霎时聚焦了全场人的目光。酷炫的音乐和闪亮的模特使人群接连爆发惊呼。这是双十一前夕，天猫商家的商品预热活动，内容涵盖服饰、鞋帽等众多双十一大卖商品。购物通过现场模特展示的方式，给顾客更直观的感受，人们可以直接扫描模特身上的二维码获得商品购买信息和网址，这些天猫商家就可以在双十一之前提前降价发货。而整个活动背后的企划公司就是中联网仓品牌管理有限公司。

你大概没有听说过这个公司，但也许在网上购物时你就已经享受过它的服务了。在电子商务发展迅猛的当下，电子商务产业链已逐渐成形。在前端，商家将商品销售给客户；在后端，则有许许多多“地基”支撑整个交易的进行。比如支付，阿里巴巴的支付宝做到了方便快捷；再如快递物流，顺丰、中通、EMS等百花齐放；而仓储、拣选、配送的任务，则中联网仓一枝独秀。简而言之，中联网仓相当于淘宝商店的“大仓库”。最直观来讲，商家把所有的货品寄放在中联网仓的仓库里，同时商家和中联网仓电子系统对接。当消费者点击购买该商家的商品，中联网仓将第一时间接到信息，并将其拣选出来，做成包裹，交给来接货的快递公司。商家如果将货物放在中联网仓，从将商品销售给顾客开始，所有后期例如拣选、打包、快递等工作无须自己动手，中联网仓全部包办。毫无疑问，它是中国首家利用高智能化系统和设备提供该领域服务的公司。

电子商务领域商家的数量和货物千千万万，支撑起如此庞大体系的中联网仓必有其独特的管理系统。目前在中国仓储行业里，大多是低门槛低科技的“作坊”式管理。租一个老旧的厂房，陈列一些货架就是仓库了。也许会雇佣十几个人，接到订单后将其打印出来，再派人在仓库里找订单上的商品，联系快递公司打包运送。但是如今的电子商务中，有些商家产业庞大，还有部分大品牌实体公司顺应潮流，也投入电子商务。因为货物数量巨大，他们需要租一个至少五千平方米或一万平方米的大仓库，货架鳞次栉比，排列繁密，而这些货架上的货物的拣选全部需要人力来完成。假设之前工作的人员离职，新进入的员工就要从头开始。面对庞大的销售数量、商品种类、品类和款型，极易发生错拣等问题，接着便会是消费者不满的提问、退货甚至投诉。若是举行大型促销活动，也许只能雇佣更多的工作人员。但人力终有极限，难免有管理的失误，最终的结果可能是失去公司效率、收益和信誉。

中联网仓看到了这个供应链里的缺陷，引进类似亚马逊等国外高智能、高自动化的仓储模式，投入两个多亿，建造了五万多平方米的仓库。中国的电子商务和国外相比具有独特性，直接用国外的软件和设备并不合适，中联网仓为此投入上千万的资金研发了自己的系统。此外，中联网仓的仓库是可定制的，哪里需要上下打通，哪里需要输送线连接，在之前就有了详细的设计方案，并将仓库按照最有效率的商家需求建成。

中联网仓科技有限公司杭州分公司

我们在这里可以形象地展现中联网仓的运作模式：

当一位顾客在和中联网仓合作的商家点击购买两件商品，我们假设是一件红色的衣服和一双白色的鞋。中联网仓的电子系统收到了购买信息并审核确认无误后，转入仓库的专业系统(WMS)，系统终端会显示之前录入的两件商品分别在仓库里的位置。

然后系统提醒负责相应区域的拣选人员按照系统指定的位置拿货，将其放在自动传输带上的料箱里即可。输送带感应到重量后将货物和承载货物的料箱扫描匹配，并将货物全部汇集到一楼的处理中心。处理中心有订单合并的播种墙，假设红色的衣服从五楼运送下来，而白色的鞋子是从二楼运送下来，通过系统指引，订单合并播种墙的工作人员将红色的衣服和白色的鞋子放进同一格里。接下来审核商品是否有误，例如衣服是不是红色的，鞋子是不是顾客需要的码数等。信息无误后，工作人员按下墙上的灯，另一面墙的工作人员就会看到这一格的提示灯亮起，表明订单已经合并完成，然后取下来在包装台上完成包装再次送上传输线，经过自动称重装置，最终由快递员将包裹运送给顾客。因此中联网仓一进入该行业就和其他企业的仓储服务拉开距离，成为中国仓储业的一匹黑马。

中联网仓公司旗下有很多独立的子公司，中联网仓品牌管理公司就是其中一个，负责中联网仓的整体招商业务、品牌建设和对外战略合作几个模块。从阿里巴巴辞职后，叶萍萍于2013年8月份入职中联网仓。叶萍萍说，上任时总公司只要求她负责品牌就好，事实上当时整个中联网仓品牌管理有限公司工作人员只有她一个人，要负责销售、品牌、BD（商务拓展）、销售支持四个模块。在阿里巴巴，她已积累了一定的品牌宣传经验，但在销售方面她一窍不通。公司耗费两个多亿的资金建成中联网仓仓库，现在需要把它推广给电子商务的各个商家，将他们引入中联网仓的仓储管理体系下。此外，品牌的建设、市场资源的商务拓展同样重要。因为中联网仓是中国第一家智能化的仓储服务公司，没有任何前车之鉴可以为中联网仓的销售提供建议，她苦思冥想，梳理描绘产品和服务体系。因为开始不了解中联网仓的运作过程，她无法设计品牌宣传方案，需要一个技术部人员解释中联网仓的先进设备是如何为电子商务商家服务的，如何能够节省成本、提高收益，等等。整个公司的介绍、运作模式、愿景、使命、定位、口号，所有文案策划和网络页面等内容现拍、现写、现做。前三个月，这位中联网仓品牌管理有限公司的光杆司令每天工作十几个小时，孤身奋战，接触各种之前从未接触过的工作。“在阿里，”她说：“公司有一套固有的体系，你只要在自己的岗位做好自己的工作就好。但在创业公司，可能你对销售一窍不通，也许从模仿开始，也许从了解自己的产品开始,你只能自己摸索着做。”

一切都是从0到1的积累。当务之急是招兵买马,组建团队,扩充底下的四个部门,让中联网仓品牌管理有限公司真正运作起来。还有就是品牌宣传和业务开拓,她花了半年时间吸引人才将团队逐步到位。回忆起那半年,最重要的还是品牌宣传和业务开拓,这关系到中联网仓在市场上的地位和中联网仓的收入。只有一个公司的名字等待宣传,没有文案、平面、公司介绍、对外口号……公司除了基础产品设备以外一切都还是零。于是一开始进入公司,她就是战斗状态,也必须是战斗状态。

要开始运转业务,也要着手公司的知名度和影响力,两者并行。这意味着她不可能花费很长的时间大海捞针般来寻找团队成员,当下只能找最熟悉、最信任的人。于是她找到浙江大学城市学院的同学,如今她麾下最重要的品牌部门和销售部门的主管都是城市学院毕业的学生。品牌宣传方面,她从了解中联网仓仓储运转模式开始,需要尽可能展现技术亮点和该行业所没有并且是中联网仓的设备优势所在,还需要简洁、直观地描述运作的具体功能,例如滑块分拣机一分钟可以处理多少货物。她说,工作也许不一样,但思维是一样的。她去请教技术团队,了解哪些是公司值得推广的技术亮点,哪些可以吸引客户。

创业者需要拥有坚韧不拔的意志。

在创业的过程中,唯一的难点,叶萍萍学姐说,是对内心的考验。在异地工作,一个人住在公司分发的大房子里,没有家人陪伴,而每天的工作堆积如山。内心需要承受放弃阿里巴巴优厚条件、与亲人分离的现实并接受和之前的期望值的差距。

创业者身上需要积累、沉淀创业所需要的资源。

在学校的时候,因为参加创业班等社团活动,她知道自己以后一定是会去创业的。然而进入阿里巴巴后她发现世界比想象的大,而自己缺少得太多。当她面对完全空白的销售板块,在阿里巴巴工作沉淀的资源和经验起了作用。她在阿里巴巴的工作就是和千千万万的客户打交道,本身已经积累了不少可用的客户资源。在市场里发展,公司需要案例,也就是标杆效应,有突出的案例作标杆,才能使人信服。她找出符合中联网仓目标的行业客户类型,再从中匹配现有的客户资源,找出有仓储方面需求的客户，只要双方谈成，公司就有了成功的案例，其他商家也会逐渐合作。

中联网仓的第一单，正是众所熟知的五芳斋。五芳斋以粽子闻名。在端午节，粽子的网络销售量居高不下，给货运造成很大的负担。“当时所有的资源只能从身边的先下手，而负责这项销售的人是嘉兴人。”她笑说。首先，要找到五芳斋公司的关键人物。于是，从整合材料，报告测算，请对方来中联网仓考察，进一步沟通谈判，到最后成功和五芳斋公司合作，仅仅一年时间，中联网仓将五芳斋的成本从22%降至16%。五芳斋2014年的销售额接近9 000万，中联网仓为五芳斋在仓储物流端节省了近540万。他们的团队自此打开了市场，中联网仓起航了。

当然，业务拓展过程中也不会一帆风顺。货物是商家的身家性命，如何让商家将自己巨大的身家投进中联网仓，是他们在业务拓展时每天都需要绞尽脑汁思考的事。并不是所有的业务都能谈成，对方也许并不需要中联网仓的服务，中联网仓还是会在实地考察后给予对方仓储改进的建议。“这是拼人品的时候了。也许对方会将中联网仓推荐给其他需要我们仓储服务的企业。”

有时也会碰到一些匪夷所思的情况。曾经有过这样的经历，他们已经和某公司谈妥，只剩最后的签约。客户忽然反悔，理由竟然是风水先生算了一卦，说货物还是放在他们自己的本地仓库里比较合适，结局只能是一拍两散。

创业者需要有沉淀下来的心态。

大三下半学期，叶萍萍在学院就业指导中心看到阿里巴巴集团市场部招收实习生的信息，一百多个报名者中，她被录取了。她在阿里巴巴一工作就是五六年，成长飞速。回忆起阿里巴巴的时光，她庆幸几乎所有的机会都被她紧紧抓住，并不是上司偏向她，而是她的工作成果和特质让上司看到闪光点。“当被分派到不喜欢的工作时，我并不是消极不做，而是在最短时间做完，以便获得新的工作内容。”她说：“当时刚进去，我成为那个部门唯一连续加班一个礼拜，每天加班到十点的实习生。”那是一个关于建立会议活动供应商库，细到各种灯光、音响等价格，以便日后市场活动时最快了解市场详情的工作，难度高且烦琐。工作期限是一个月，她用了一个礼拜就完成了。也因此，她获得了协助市场活动的工作。还没毕业，她已经参与阿里巴巴最大的市场活动项目，一直连续担任之后几年的活动导演，开发了新的市场活动品牌。从策划、导演到主持，全部由自己完成。

像培育孩子一样的从无到有，是她对那几年工作的感想。很多市场活动项目都是历史项目，早在前几年就举办多次。她接手后也不过是承袭前几年的做法，并没有创新要求。但市场需要创新来满足现有的发展需求。没有人强迫去做，但她认为值得一试。每一年，阿里巴巴都会举办十大网商评选，几万个网商的创业故事海量涌来，汇集到她的部门。海选一百强由他们部门完成，一百强到五十强、五十强到三十强由高管完成，最后的三十强到十强由马云过目。大多数人会认为每天阅读大量创业故事很枯燥，但她另有想法。她在海量的故事案例中发现经验，为什么这项创业会失败，为什么这项创业会成功。她发现所有的创业故事可以分成几个模块，网络品牌、服务商、青年创业等。2008 年网商刚开始发展，没有微博微信，却出现了博客接单的故事。她意识到这些较为超前的电子商务案是很好的题材，但主论坛无法登载这些“不够资格”的文章，以往也没有相关工作的先例。

没有就主动创造。除了协助主论坛的工作，她独自策划六个分论坛，着手六大系列文案、平面设计、故事原型、故事嘉宾和宣传。她本身是广告学专业毕业，又在实习时做了关于供应商库的建立工作，熟知灯光、音效等的市场价格和相关信息。于是那一年的十大网商评选，除了主论坛，史无前例地多了六个分论坛。她被作为正式员工留了下来。从毕业直到离开，从助理到主管经理，她一直待在市场活动部门。“很多人也许在一段时间里跟随喜好不断更换职位，觉得换条路也许更好，”她说，“但我在市场活动部门工作的每一年都能获得新的经验。”

回顾从大学到就业再创业，最重要的也许不是技能，而是思维和工作方式。能否坚持，是否主动，自我要求的完美度，这些隐藏的因素会贯穿在日后工作的每一个细节中，也许源源不绝提供灵感，也许一鸣惊人决定成败。

对叶萍萍来说，热爱是成功的关键因素。任何一项工作都会有不喜欢的方面，但哪怕在 100%中找出自己喜欢的 1%，也会将这 1%放大成 100%。比如学广告的同学，喜欢绘画的，可以着力学习平面创作；喜欢市场营销的，可以学习管理学或加入创业班。再烦琐无趣的事，也一定会有值得挖掘收益的地方。无论所在专业、科研作业、社团活动是否中意，我们找出其中喜欢的,找到愿意为之努力的方向,并坚持奋斗就足够了。

离开阿里巴巴优厚的职位和半个千万的股票选择艰辛的创业,对她而言是她人生阶段应该去尝试的,必然要拥有的。也许在阿里巴巴坚持下去有另一番风景,但她告诉自己,她要另一个挑战。

"人一生就是修道悟己,"她说:"自我寻找的价值远比财富的价值大得多。"

【访谈手记】

采访那天下了不大不小的雨,空气湿热。我的长裙下摆沾了水,凉鞋湿漉漉,眼镜片也因为刚从空调公交车上下来蒙了一片雾。

走进公司就像浸润在凉泉里,砖墙木地板,像咖啡厅一样有吧台有几张小圆桌几把带靠背的小木圈椅,回归自然的休闲风格,使人身心舒畅。屋子里人不多,也没有写字楼里职员在电脑前奋战的紧张感。询问叶萍萍后才知道很多员工因为业务项目出差外地,工作并不轻松,但大家都是年轻人,工作热情高涨。

整个关于创业的采访中,除了喜爱和热情,我比较在意的是大学生一毕业就创业鲜有立刻成功的案例这一点。大学生创业一定有创业的灵动想法,却不一定有坚持的信念;有坚定的信念却不一定有相匹配的技能和资源。类似叶萍萍的经历,她在中联网仓创业的过程中依然大量获益于毕业后在阿里巴巴的工作经验。除此之外,在我个人看来,大学生创业还需要一份沉淀下来做事的心态。叶萍萍也提到她在阿里巴巴市场活动部门工作的五六年,持续深入了解这项领域的边边角角。但我最印象深刻的应该是她的一些理念,她说:"不要用太功利的角度做事,喜欢就去做,你在一个阶段付出过,就一定会在人生接下来的某一个阶段得到回报。"我并不相信"只要……就……"的逻辑,但这不妨碍我对这番话感到心潮涌动。

离开的时候,一群年轻人围成一个圈在讨论什么。将热情和努力摆放在喜爱的行业里、欣欣向荣的公司上和志同道合的同事和朋友间,是他们的幸福。

叶萍萍

中联网仓科技有限公司

创业需要“务实的理想主义情怀”。叶萍萍身上流淌着的这种情怀是她创业成功的重要因素。她善于学习，善于积累经验，站在巨人的肩膀上去发展自己的事业，实现自己的创业，这是务实。并且她又充满理想主义情怀，希望能够做一份改变世界、改变行业的事业，使自己的创业公司成为在某个领域具有颠覆性意义的里程碑式的企业。叶萍萍做到了，她的公司成功完成了 A 轮融资，估值从 1 个多亿升到了 4 个多亿，B 轮融资和上市计划也在稳步推进过程中。每个创业的人都需要榜样，那就以叶萍萍为榜样吧！

（点评：张健康）

广州市美樱卡通营销有限公司
佛山市南海美樱玩具制品厂
合伙人
留　芳

在内蒙古支教(前排左四为留芳)

创业几多波折　岭南终觅芳音

留　芳

我逐渐融入岭南氛围后,发现这里的环境相比内地而言,有更多的开放与包容,不重名利虚荣,义工社团成熟,工商业发达,早早渗入的市场经济已经洗淘了一遍此处,尤其相对上海、北京而言。

首先落脚的地方是华南前三甲的一家管理咨询公司(现在是咨询集团)。或许是因为看我之前有多时多方的兼职工作经历,老总直接把北上广三地的市场部运营工作交给我,且相当放权,只做适当点拨。我在他那里学到了真正进入职场的规矩,学会了分析或归纳问题的症结以及自制各类表格以搭建内心清晰的结构框架。那时的周六半日是专门在企业内部做团队训练的,训练内容包括心理游戏、话题讨论、分组演讲等。工作大半年时,我不知不觉将企业内部文化建设的担子主动承担起来。此时老总找我做了一次长谈,给我规划职业路径,希望我发挥沟通优势,进入咨询师角色,为以后开拓其他市场打基础。当我穿着定制的套装、戴着铭牌、穿着高跟鞋、夹着本本随那些身经百战的老咨询师走进客户公司时,发现有两个困难不是我努力了就真能克服的:一是我有一张年轻的丫头脸，这让重视落地咨询实战经验的客户总是无法完全信任。的确，我缺少下企业实干的经历，因此，我很大程度上依靠的是理论知识，而这就存在造成失误建议案的巨大风险。谁会拿自己的企业、自己的钱陪你练，陪你开玩笑呢？二是每穿上黑灰色的咨询师套装，我就感觉自己成了一个套中人，所面对的都是大小企业内的龌龊黑暗面，责任心强的人就易郁闷，负能量承受过多，而我想快乐工作。

第二份工作则因为与我的“能在一堆色彩缤纷的玩偶中工作”的梦想不谋而合感召了我。这家专注动漫衍生开发与服务的公司算是动漫衍生链早期的产业链大头，它的主要服务对象有腾讯科技(当时 Q-Generation,Q 一代衍生专卖店即由该司启动，也是代言企鹅的设计方，对腾讯品牌的社会传播功不可没)与至今仍在运作的 PUCCA 授权专卖体系。我进入时企业摊子已然铺得很开了，老总让我运作并拓展已定名的下属动漫媒体运营网站，希望调好架构，建好团队，做好内容，却唯独没提盈利的事。但我希望能够两者兼顾，在调整网站时就植入将来的可盈利点。事实上，我们的团队也做到了“双丰收”，第三月始已有盈利，这给了我非常大的信心，也给老总们释放出一个能量信号。那时我还入行很浅，于是主动申请了许多出差机会，以便能更快速地深入认识这个行业的“里子”。每次出差回公司，我会径直去找老总和运营总监，用书面加当面交谈的方式提出我的收获和观点、建议。这样的做法让老总们更快了解了我的建议并提供了决策支持，但也招致多方嫉妒。在我进入公司后几个月，公司出现一次较大的人员危机，以解决采购部门问题不力为导火线，在位多年的运营总监与老总分歧凸显，运营总监酝酿着离职。

记得一日傍晚，我分别被老总和运营总监单独约谈，他们的目的明显是想拉住人。老总承诺让我升做授权总监，薪水多少由我提，结构人事交给我整合；运营总监则设了股份局，期望我成为新公司的合伙同事。因为当时我兼升了品牌战略发展总监，有一些改革的冲动，很想跳出打工界给自己干活。

最后的决定是在二沙岛的塞纳河法国餐厅做下的，那顿饭吃了 3 个多小时，坐在一起商讨的人包括后来的大股东——来自香港的战略投资人，已离职的运营总监及我。走出餐厅时，我深深呼吸着珠江边的绿林清气，三双手就此握在一起。回头来看，我当初的许多做法有诸多不完善之处，对许多风险因素思虑不周。譬如，没有非常明确地在合作创业初期设置好合理的退出机制和分红条件；没有把投入的硬成本算精明，财务权没有从一开始就牢握手中更是致命硬伤；而且过于信任香港大股东善做财务的妹妹。对这些风险评估的不足，导致后续我们想让企业有更好发展时遭遇资金流被动的尴尬，并且终因发现香港大股东擅自挪用公款而爆发剧烈争执，付出剧痛的代价完成与大股东的产权剥离，实现独立。

有人说创业听起来很美，做起来万般艰辛痛苦，个中滋味，试者才有切身体会。马云曾经感叹："如果给我机会重新创业，我最希望做一个小而美的公司。"

现在我的公司就是这样一个格局，它不大、稳步积累，有正向资金流，气氛温暖干净，只做链条上属于我们专业所擅长的事务。我们不是有辉煌光芒的创业，不是在互联网时代一日一变身的创业，我也不想让自己成为一个投机者。

刀刀狗的BOBO鞋

卡通营销案例分析

"刀刀狗的 BOBO 鞋——卡通营销案例分析"
一文在《中国动漫》杂志发表并获得业内专家好评

让卡通更具价值

广州市美樱卡通营销有限公司成立于2008年，是小而美专业精耕商用卡通衍生开发的服务型企业。公司致力于整合开发、生产及运营富含商业卡通时尚元素的各类毛绒（布、粒子）玩品、日用品及包袋等。公司通过集成上游伙伴及原创卡通的优质创新能力，以市场化为导向，专注开发满足中高端流行消费市场需求的卡通特色商品，并在国内外积极拓展不同类型的经销联盟伙伴，组建稳健发展的品质营销与市场网络。

公司强调“重”与“轻”的经营方式共谐，“大”与“小”的客服体系互补。

“重经营”主要针对产品开发品质与供应链前中后期的全程管控保障。我们认为产品是一种相对“硬”件，同时，在终端销售与使用商品的过程中，产品需能通过造型、材质、触感把握等细节，充分诠释时尚、快乐、童真和爱的个体情绪。

“轻经营”则意味着我们将努力打造一个螺旋形上升的企业品牌，通过品牌文化内涵的完善与传递，专业团队的优化调配，为客户提供增值的专业咨询建议，明确品牌追求的社会意义，让企业从同质化的或恶性的低端化非技术竞争中脱颖而出，健康、轻盈且负责任地向前迈进。

公司的“大体系”强化在宏观社会环境与微观行业情境中，保持前瞻的敏锐判断与分析实力，主动担当客户前期需求与效益实现过程中的咨询专家角色，在与客户建立与维持更长远更深层次伙伴关系基础上，形成美樱独具竞争优势的资源整合、规划、执行体系，从战略角度突出为客户持续增值的能力。

“小体系”重点体现在美樱具体化的客户售后服务过程中。美樱以行动实践客服精细化、客户档案化、客情关系个性化，为客户的独特需求提供规范流程框架下的灵活性解决方案。

公司目前包含两大核心业务：一是时尚卡通形象VI体系、衍生品专业设计开发与产销；二是为多类品牌客户按需提供一站式开发与顾问式营销服务。我们拥有一支行业经验丰富全面的管理与执行团队，致力为客户伙伴提供基于高品质、高服务、高利润率、高综合回报、高创新力的“5高”金牌服务。

公司实行项目销售与常态经销相结合的业务执行方式。已有授权推广或产供许多国内外品牌衍生玩偶或应用时尚产品，同时公司亦拥有针对IT、电信、政府组织、儿童用品、主题乐园、网游手游、教育培训、快销品、服装等不同行业领域，整合开发产供各类优质卡通化商品的成功操作经验，与许多企事业单位建立了良好的常年商业伙伴关系。

美樱生产基地（美樱玩具制品厂）位于佛山南海区，并购成立于2010年。该生产基地专注毛布绒大类产品开发产供。厂部面积约2 800米^2，常年工人60余名，板房能力在同业中具备较大优势。生产设备齐全，出品均通过国家GB标准或ASTM标准。

广州玩具与礼品行业协会2009年度十大最具发展潜力企业荣誉称号

中国动漫风云榜年度产品荣誉证书

企业核心：

- 优质动漫毛布绒类玩偶和用品的开发及产销(B2B 或 B2B2C)
- 优质卡通动漫品牌授权发展与管理
- 商务客户卡通类产品设计开发订制一站式解决方案
- 卡通创意设计 / 卡通模式营销

企业愿景：

Slogan：让卡通更具价值！

理念：以卡通产品传播时尚、童真、快乐与爱

愿景：一家小而美，灵活且认真，在细分领域提供专精服务的快乐企业(制造业 crossover 创意界)

美樱的客户伙伴(部分)：

网易 NETEASE www·163·com 网聚人的力量；腾讯科技；PUCCA；DINOBOB；完美世界 PERFECT WORLD；K友汇 汇聚互联网各行业好友；虹猫蓝兔 HOWIE & LANDAU；贝瓦网；趣旅网 www.QULV.com；PENCIL CLUB 铅笔俱乐部；森馬 Semir；浙江大学 ZHEJIANG UNIVERSITY；GREAT DREAMS 宏梦；知音漫客；潮流前线；Alibaba.com；RYDE GARDEN；Longfor 龙湖地产；瑜源文化 YUYUANCULTURAL；AULDEY 奥迪双钻；藤乃木工房 FUJINOKI

可对外授权发展的品牌形象(部分)：

© MocMoc　© 森巴猴　© 小海白　© K友汇　© K女郎　© 小左&小右　© Hamicat

樱之光华绽放岭南

朱　怡

蝉鬓戏绕随水香，暗露潜窗共君怅。
无歌无酒怯情长，此春无墨留远芳。
荒城不作寻常度，女墙犹记紫台光。
匹马将行有凄其，梨花送客心愈茫。

这是临近本科毕业时，留芳感怀写下的一首诗，那是2004年。

她说，我从小特别爱看书，也喜欢跟在妈妈身后给她念我觉得很棒的故事。爱语文的能量积累，在三年级开始陆续释放出来，作文自此不断得奖，然后进行各种录音、演讲。五年级通过区少先队大会竞选演说，成为杭州市拱墅区红领巾小理事会副理事长，后通过素质测试和择校考试进入浙大附中。上高中后，特别喜爱那种做记者打各类交道写各类文章针砭天下的感觉，就暗向此目标努力，进入杭州日报做小记者。大学了，毫无悬念选了新闻学专业。在大学她轻松拿到一等奖学金。作为“学霸”，她也曾穿黑高领、戴红肚兜、黑裙短发地唱《红豆》，令人耳目一新，后一段时间不时有人从教学楼向下喊“红豆小姐”，她就浅笑夹书而过。

“高枝深处，我们的秘密正监视自己 / 倘若虔诚与论理让生命不能明晓晨昏 / 明天毕业，我们就将撼碎体内恒固的钟 / 看时光被释放，眼神欣悦。”（《我们明天就毕业》2004/05/01）在读书期间各阶段实习与兼职中，她已与报社一线编辑、杂志社和电视台专栏以及团市委宣传部、品牌广告公司核心项目组等有较深接触，一篇篇精彩且多元的稿子也经由她发表到各报纸、杂志，但她也因此发现自己一心热爱的新闻业里有难以逾越的“天花板”，感受到诸多受牵制的无奈，甚至有时会碰触到一些黑暗面的底线。最终，倔强的她转向新的发展目标。

自浙江大学城市学院毕业后，她入浙江大学传播研究所继续攻读研究生，在2006年大家都开始忙于撰写毕业论文和参加各类工作面试时，她却决定在正式工作之前，去内蒙古西部的巴彦淖尔杭锦后旗一个村庄学校支教。在支教期间，她除了包揽低年级孩子诸多课程外，还有意识引导当地老师学习多媒体授课，新开英语、音乐等课程，为学校引资购买种类丰富的图书，并领导革新学校校报。记忆中，一个明媚的夏日周末，她与另一位老支教老师一同带孩子们出外玩耍。天空很低，似触手可及，穿过稀疏的小杨树林与西瓜地，她与孩子们赤脚在盐碱小道与炽热沙丘上开心玩耍。为了这一份珍贵的责任，她错过了许多企业的橄榄枝，甚至错过毕业典礼。从那时直到现今，该学校每年还会千里迢迢寄来新校报，传达新发展新消息，孩子们后来的境况也大多很不错。这段体验在她一生中留下了难以磨灭的印迹。

支教结束后，她决定离开杭州这座陪伴她成长的城市，和恋人(现在的先生)一起

动漫新生代

美樱卡通：

品牌卡通玩具走"集体上市"

MISUN Cartoon, Brand cartoon toys enter market together

独特另类的黑黑猪，可爱优雅的韩国马布家族，乖巧有趣的嘟咪狗系列……这些清新别致的动漫品牌主角，相信热爱卡通化生活的年轻网虫们早已不陌生。如今，卡通动漫已不再局限于图书期刊、影视音像等传统载体，而是走时代大潮之先，频频占领互联网与无线增值等新媒体空间。这些充满人间灵动、集聚生活感觉的卡通品牌系列，通过创意不断的Flash主题动画，逗人欢笑，发人思索；年轻人用MSN、QQ聊天时，它们搞笑怒骂的表情就自然地跳跃其间。而更多瞄准网络营销市场的商家也敏锐地嗅到了这些品牌卡通形象的意见领袖魅力，逐步开发合作网络商业广告。

由广州美樱卡通营销公司（MIIN CARTOON MARKETING CO.）开发的韩国马布家族系列、黑黑家族和嘟咪系列品牌毛绒玩具与饰品正新鲜上市。本季美樱营销联动品牌授权方与下游合作伙伴们，做了细致的市场调研与推广策划，将品牌卡通新品黑黑猪、韩国马布家族和嘟咪狗系列"集体上市"。

专业期刊《玩具世界》刊登专题文章介绍美樱卡通

发让人想起锦衣贵族的宽袍大褂

关键词:Q 版风
混搭元素:出土文物、历史人物+小玩意

借《赤壁》上
之机推出的"吹
三国"Q 版公仔

Alessi "清宫家族"的一员,名为"清先生"的厨房计时器

邓卓越设计的"疯狂的 ABS",为日本潮流小熊 Be@rbrick 穿上了青花瓷外衣。

穿上京剧戏服的"招财童子"孖公仔,让国粹也 Q 版了一把

印象中没有什么人物是不可以变得 Q 版的,前些年爱吃炸酱面的中国娃娃 Pucca 虏获了不少 MM 的芳心,近几天新版红楼"雷人"十二钗的 Q 版照在网上传得正火,而真功夫更是借大片《赤壁》上映之机推出了名为"吹水三国"的 Q 版公仔,号称"帅比梁朝伟、型过金城武"的吹水五人组,一登场,就引得一众动漫迷趋之若鹜。

可爱之余又具备实用价值的,首推意大利品牌 Alessi 与台湾故宫博物院合作设计的"清宫家族"厨房用具,这套清装打扮的公仔,每个都分配了独立的家居任务,从胡椒盐罐、计时器到蛋杯……放在一起刚好组成一个大家族。有了这套讨人喜爱的小玩意作伴,做菜也不会无聊了。

在追逐这股 Q 版中国风的时候,当然要支持一下本土设计师的创作。香港新锐艺术家邓卓越发表的"疯狂的 ABS",为日本潮流小熊 Be@rbrick 穿上了青花瓷外衣,小熊胸前不仅漆上传统的龙纹,还穿上了一双虎头鞋,身上带着拍不掉的泥土,活脱脱一个刚出土的青花瓷公仔!而广州美樱卡通让"招财童子"孖公仔穿上了京剧戏服闯荡世界,让国粹也 Q 版了一把。

在羊城晚报软性植入代理品牌

南下广州,真正开启独立踏行社会的历程,品尝种种愉悦与艰辛。她以管理咨询企业市场部经理的职位作为工作的起点,工作一段时间后华丽转身,开始创业。她与香港的一位战略投资人谈定后,合伙创立了美樱卡通营销有限公司,并在 2010 年通过并购成立美樱玩具制品厂,完全进入产业链运作。

开始创业的那些日子,她与小伙伴们一起在各种展会、各个企业间穿梭,不断地与各种各样的人交流沟通,商洽业务项目。一有时间,她还要补充相关交叉知识,落实笔头文件以及培训新招入的员工。有时客户项目进度需加急,她也披挂上阵,连续在生产车间统筹调度,与工人一起做整形做品控,鼓舞士气;有时专展时出差缺人手,她就大力动员身边亲友同赴相助;有时因为有完美主义的情结,她会一整天与打板师一同琢磨最佳的出样。她就这样努力地干、拼命地干,逐渐稳定了创业企业的营收格局与组织管理模式,度过白手起家小公司所谓最易倾覆的前三年。

在经创业历练日臻成熟的学姐看来,既然睁开眼享受了风的清凉爱抚,就不要抱

怨风中送来的细小沙粒。追求十全十美,人生就不尽是美好。所以放宽心一些,忙碌该忙碌的,然后去享受该享受的。

有时,为了一些合作项目的落地,连续几周不断地奔波,在混乱陌生的城镇郊外,在烟土弥漫缺少路标的转道上,在正午的骄阳下,在心力交瘁归来的午夜,她已逐渐习惯于一遍遍鼓励自己,学会在面对困境时愈发坚韧、冷静与果敢,学会在许多时刻快速学习成为一个多面手。就像樱树树根深扎,樱花花瓣在风中飞舞成蝶,不惊慌不茫然,时刻预备乘风的时机,去往更远的地方。阿里巴巴集团、酷贝拉和do嘟城、中华恐龙园、龙湖地产、雅米食品、翼信科技、奥飞动漫……被逐一"攻下",局面得以打开,她的企业成为这些企业衍生创设开发背后得力的助力伙伴。

面朝阳光,背后总会有阴影。在一次与内蒙古某动漫、地产、食品跨界女老总知音般相遇的畅谈后,她放低风险预判并怀着莫大的信任与其企业开启了首度较大规模合作。不幸在合作后期发生变故,原来她此番遇上的是一个十几岁就出道混成精却给自己贴上某知名高校EMBA毕业生标签的高级"老赖",于是她不得不收紧现金流,花费较大心力并动用在内蒙古的人脉关系,与以各种方式耍赖拖欠的无良客户周旋,最终将其告上法庭,借助法律维护了企业权益。这场维权战打了近两年,逼到客户派人出庭道歉,最终拿回应得款项。经此一役,她在评判合作、衡量风险等方面的能力得到极大的提升,提高了商务法务方面的知识水平。

我们中的许多人其实都很有头脑,有些人已深明自我存在的意义,并有着坚定的慨然赴之的目标理想;有些人则日益在大社会森林中心慌迷茫,甚至乎在攥着大把财富时却恍惚如当初一无所有时。迷失的世界,才最可怕。为梦想不断前行,有时虽然很慢,但终究会越来越接近。前路如何,源自人内心的选择。

留芳说近几年的生活其实总体都算顺利平安,因为她相信不管有什么样的难,坦然直面,尽心而为,最后都会跨越过去,人短暂一生于宇宙、于时间长河都不过沧海一粟,活出爱,活出快乐,活得让自己无愧上天的荣耀,照顾好周遭爱护着你的人,能做着喜乐有意义又于人有益处的事情就已很好啦。可是我们知道,现在可以云淡风轻说这些话的她,也曾遭遇过非常的痛苦与劫难。

2012年开春，一个喜讯从天而降——她要做妈妈了。这正是她所期待的，第一次要过母亲节，第一次可以带着孩子去看海，去草原看星星，可以看着孩子在前面奔跑，做孩子最强大的后盾……她内心充盈着喜悦。而也就在这一年，企业内部却发生重要变故。或许是创业之初经验欠缺，又或许是对人太过信任，创业初始并没有很好的明细条款来完善风险防御尤其是财务监管，也缺乏合理的退出机制，这些当时被疏忽的问题，在企业稳定发展的这一年里逐步累积，最终爆发。而专注于新公司发展向前冲的她在此前却未能及时发觉此番危机。

在她所投其他产业连绵低迷出现巨大亏损时，作为公司大股东的香港人及其妹妹(担任财务总监)一起悄悄利用所掌控的财务大权，逐步蚕食鲸吞公司资金上百万元。而当她有所察觉时，他们早已远走海外避险，不接电话，不发邮件，只通过所谓中间人传意答话，并请律师来商议处置诸事。这一次“失火”差点让公司拆伙停业。经验都是在一次次失败中积累起来的，每一次失误也都会给人提供自我革新的机会。痛定思痛，经过利害分析，事发当年5月，他们协商进行了产权分剥独立，三方合伙人变为两方合伙人。6月，产权关系调整进入书证阶段，公司对一直合作的老客户乃至正在洽谈阶段的新伙伴，都坦诚发出了正式告知公函。学姐说令她感激与欣慰的是，有不少客户站在了她的身边，没有因此借口放弃。

这一年，在处理企业危机的同时，她还得匀出很大精力放在肚中那个小生命的身上，预备着孩子的到来。但就在炎夏7月一次常规孕检中，已近7个月的小生命被诊断得了一种全世界罕见的原生性疾病。“一周度得如此漫长，经历了从天堂到地狱，再从尘埃间一点点爬起来的过程。”学姐说。在此之后的两个月间，她不断抽空学习了解国内外大量的相关资料，跑了数家医院拜访胎儿医学专家。在这段日子里，她不断梳理疑问，这件事也使她有了更深的思考。留芳信教，她的一些教友听闻消息也都自发赶来探望她，给予她信心与力量。“蝉蜩吐炎心梦淡，冰簟夜惊数寥星。起窗怀记已初度，唯祈苍天轻放行。”(《祈长天》——为爱弥儿作 2012/07/13)

夜里，她开始坚持念《圣经》诗篇，那是她在这般的痛苦中重新寻求到的精神力量，使她在这样的景况下，也拥有平和的心与冷静的处事智慧。在一整晚与疼痛的斗争后，小E活着来到了世界。然而情况并不好，如果勉强继续救治她，反而会令她更加痛苦。“9:36分，她来与我们见面；10:10分，她走了。在给她父母带来了人生中最大的快乐后，顺利完成任务，回到上帝身边做回天使。”

3年后的早春3月，她的可爱小宝贝caicai顺利出生了。“我曾三年前到来此处/在黑暗里为圣洁做出诠释/花枝摇曳的午后/我的母亲最后做着恒切祷告/未知到来是为着带领/以及短别离”(《到来》2015/05/07)。是的，短暂的离别，是为了更好的到来。来到你的生命中，做你生命中最美的花。

跨过了2012年事业与个人生活中的两道坎，留芳坚定了她新的信仰，并为此一直努力做出奉献与改变。生活，在忙碌的工作和享受自己生命里的各种喜乐中度过。为理想于微尘起垒土，像樱花般在尘土中向阳而开。“美樱”也和她一样在遇到深刻的磨难后，涅槃重生，继续迎来新的发展。在为浙江大学城市学院创设与制产了吉祥物“大城小C”之后，中国高校这片还未触及的市场也让她有了很多新的想法。挺身面对一切好的与坏的，承担责任，像樱花一样柔软却热烈，在风中涌成潮，奋力去往湛蓝天空的最高处自在飞扬吧！

代理动漫品牌巴布熊猫在动漫消费期刊《漫头周刊》上的新品策推版

【访谈手记】

刚开始说要采访留芳的时候其实很紧张，后来去联系学姐，发现她很和蔼，声音很好听。花了几天的时间翻看了她 2010—2015 年的微博，一点点由字里行间去体味她的生活，感觉她就是我生活中的一个人，身边的一个人。她会写诗，会画画，会弹古琴，有时间会去远方旅行，会因为一件小小的事情而满足，她是生活中的小女子。但面对企业经营，面对客户项目，她又变成一个强大的“女汉纸”。尤其是在离开传媒行业后，她仍对新闻怀有一种强烈的责任心。经由与她的交谈，我知道了，她很幸福，工作和生活中的所有磨难都没有让她失去信心，她一直在奋力而乐观地飞扬。

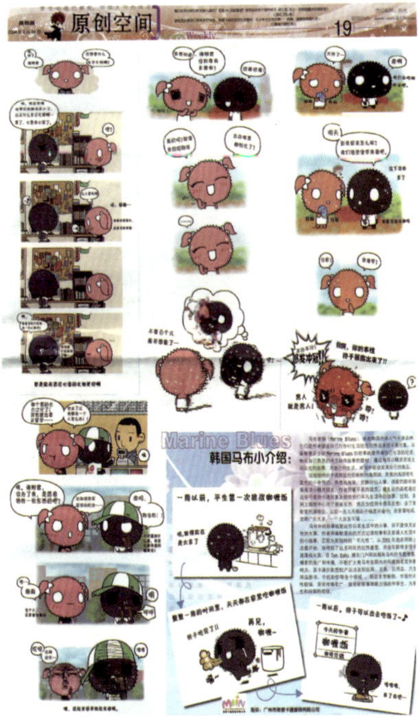

在《动漫周刊》策发的多格漫画渗透传播案

留芳

广州市美樱卡通营销有限公司
佛山市南海美樱玩具制品厂

创业如诗。司马迁说:诗三百篇,大抵圣贤发愤所为作也。创业之诗也是出自艰苦磨难的砥砺和锤炼。留芳多年前就曾在《诗刊》上发表作品,诗歌的超凡脱逸酿就她浪漫的气质和理想的情怀。这些自然而然地贯注到她的创业经历中,用诗一样的真纯开启创业历程,似乎是她对创业的一种憧憬。然而真美之诗并非只吟风花雪月,或者说诗之美更大程度上在于品味其中的酸甜苦辣。所以留芳的创业历程,少不了诗意中的抑扬顿挫。无限风光在险峰,经过许多的磨练和洗劫之后,留芳终于成就了美樱公司卡通般的美好。这种美好不仅体现在她的产品特征和品牌调性上,更进一步体现在她的经营理念和企业文化中,体现在她对“重与轻”“大与小”的可持续性战略追求上。

(点评:卫军英)

海盐联丰标准件有限公司

董事长

顾跃军

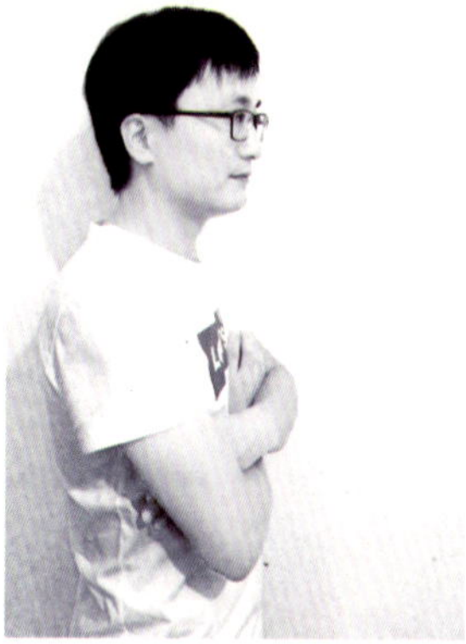

机会——留给有准备的人

顾跃军

我从小就怀揣着做艺术家的梦想，从1990年到2007年学习画画，参加美术类高考以浙江省第二名的成绩进入大学深造，学习视觉传达艺术。随着时间的推移、社会的变化，人的意识形态也在改变，大学四年让我重新定位自己的人生——“创业”。

毕业后创作海盐联丰标准件有限公司VI系统，为今后的创业做准备。

创业之一：美术类高考培训学校——嘉兴新希望培训学校

扎实的美术基础，加上艺术高考的兴起，给了我第一次创业机会。我与其他两个合伙人共同创办了嘉兴新希望培训学校，在当地家喻户晓，也为我带来了第一桶金。10年的从教经历，迎来送往一批又一批美术学习生，他们后来纷纷入读中国美院、中央美院、天津美院等全国知名院校，现在已经毕业分布在各个行业中。这个过程让我成长不少，得到了很多锻炼的机会，也为我后面的创业奠定了扎实的基础。

创业之二：传统制造业——海盐联丰标准件有限公司

之后，我毅然离开了艺术之路，选择从业于传统制造业。社会再发展也不会淘汰实体制造业。受家庭环境的影响，我选择了紧固件制造业作为创业目标，它是“工业之米”——小螺丝大世界，每一个产品制造完成后就是一件完美的“艺术品”。4年时间，我从一个门外汉成长为一个行业佼佼者，我在它身上倾注了自己的心血，把它作为自己一生的事业。

定好目标和计划，意味着成功了一半。在每做一件事之前我都会考察市场，计划一段时间，思考成熟后再执行。机器换人——自动化程度不断提高，让我的企业在行业中有了一席之地；电子商务化——互联网+，在全球经济如此疲软的环境下，我的企业业务量依然饱和，这是我8年电子商务的积累，一切为今后做准备。

2015年，新的人生目标提上日程：

——紧固件电子商务生态圈；

——高端紧固件制造；

——高端模具研发中心；

——紧固件文化创意园；

——紧固件博物馆。

已是深夜，我的思路依然活跃，心情依然澎湃。创业中有很多酸甜苦辣，只有自己才能体会到。学习永无止境，在社会大浪中不断完善自己，不断创新，才能开拓适合自己的发展道路。

我会继续向前迈进！

“联丰”未来不是梦

顾跃军，来自“核电之城”浙江海盐，现任海盐联丰标准件有限公司董事长。

2010年2月9日，在人生道路上我选择了一条不同寻常的路，回家继承父辈的产业——紧固件制造业。

我在从事这个行业前做了以下几点分析和市场调查：

1. 产业分析：紧固件制造业作为传统制造业，在我们生活中无处不在，运用范围非常广，它既不是朝阳产业，也不是夕阳产业，只要工业文明在发展，就缺少不了它，它被称为“工业之米”。

2. 地域优势分析：海盐到上海、宁波、杭州的交通非常方便，同时海盐紧固件在全世界都非常有名气。

3. 产业链分析：这个产业在海盐非常成熟，相关配套厂家都能在当地找到，国内外客户在当地就能买到想买的所有紧固件产品。

4. 从业人员分析：技术人员非常全面，是推动这个产业发展的基础，然而在继承者的层面上出现了断层。在做了一些调研后我们发现，做这个行业的人群集中在50后、60后、70后，我们80后这一代非常少。原因一,80后的这一代是幸福的,国家高考招生政策放宽,都能选择自己喜欢的专业报考,毕业后很多都进入事业单位或出国留学等,自己有了更好的发展就不愿去继承父辈的产业。原因二,我们的父辈创业成功了,这个过程是艰苦的,然而却忽视了对子女的培养,很多孩子娇生惯养,叛逆心理严重,接触了不好的社会风气,直至最后卖掉企业败完家产。原因三,继承者中男女还是有一定区别的,女生继承通常会让女婿来帮忙解决企业中的各种问题,然而在中国的社会现实和传统观念下,必然会束缚企业发展。原因四,在电子商务高速发展的环境下,继承者和创业者没有先进的理念和发展规划是必然要被社会所淘汰的。传统的销售渠道在被弱化,如何定位非常关键,社会不因你而改变,只有你去适应社会。

以上几点为个人观点,片面之处,希望能得到大家的点评!

2010年夏天,我正式进入工厂工作,面对一个完全陌生的工作环境,我一无所知。在父亲的安排下,我先承担起工厂仓库的工作,这里是熟悉产品最快的地方。当时我连游标卡尺都不认识,通过自己的摸索才慢慢熟悉起来。3个月以后,我已经完全能够独立操作整个仓库的工作。那段时间工作非常辛苦,什么活都自己干:称比重、打标贴、折纸箱、称重、打托、开叉车等。让我记忆犹新的是那年夏天,刚好碰到台风,客户把出柜信息发给我们,要求必须安排出货,我们只好冒着大雨装货,等货装完,我的衣服没有一点干的地方,全都浸透着雨水和汗水,那是创业的激情和干劲。

作为一个创业者或继承者,应该考虑工厂该如何发展,如果天天在工厂仓库干活,出头日子在哪里?企业什么时候才能快速发展?于是我跟父亲提出我必须离开这个工作岗位,招聘一名员工,通过一段时间的培养来替代我的工作。2011年我开始负责公司的业务。基层6个月的锻炼使我对产品有了一定的了解,可以尝试跟客户交谈,与人沟通的能力在教书的时候已经锻炼出来了。第一次创业的经历给了我勇气。

一、电子商务生态圈——销售渠道的创新

一个微型企业的生存之本就是业务。然而,我一个门外汉如何才能接触到客户,接到订单呢?只有借助互联网!非常感谢我的大学恩师骆小欢老师,骆老师在一门营销学课程中提到了互联网和物流的发展，一个无意的点拨使我终生受用。当时，在传统制造业中，企业家对互联网的认知分四个阶段，第一阶段是“看不见”，第二阶段是“看不起”，第三阶段是“看不懂”，第四阶段是“来不及”。作为 80 后的我，面对互联网的兴起和发展，深知选择什么平台是非常重要的。看到阿里巴巴平台如此庞大，我就想去试试水。我的大学专业是艺术设计，网页设计、照片拍摄是专长。通过两年的摸索，我基本上掌握了游戏规则。跟大家分享一下我们公司的网站：http://hylanfon.1688.com，这是我的第二个“孩子”。

随着时间的推移，四年的互联网销售给我带来上千万元的销售额，已有合作客户 100 多家，销售额每年都在快速增长，第一年 20 万元，第二年 300 万元，第三年 800 万元，第四年已经有 1 000 多万元，第五年目标为 2 000 万元。在这个过程中，我学习到了很多知识，交了非常多的朋友，感谢我的客户和我的朋友对我的支持和帮助。总结几点互联网营销经验：诚信、黏度、“谈恋爱”、池塘效应和“病毒”。

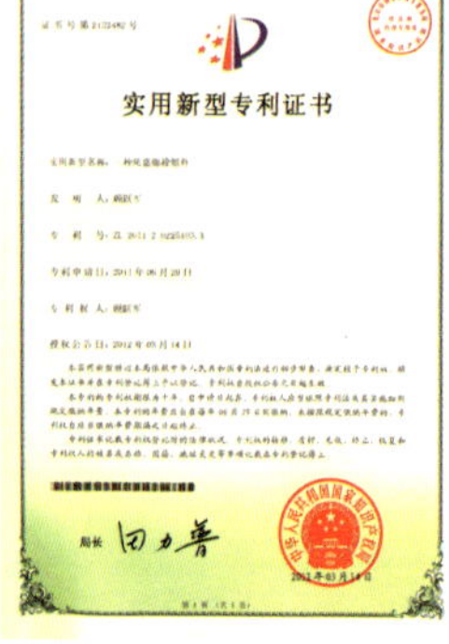
实用新型专利证书

局长

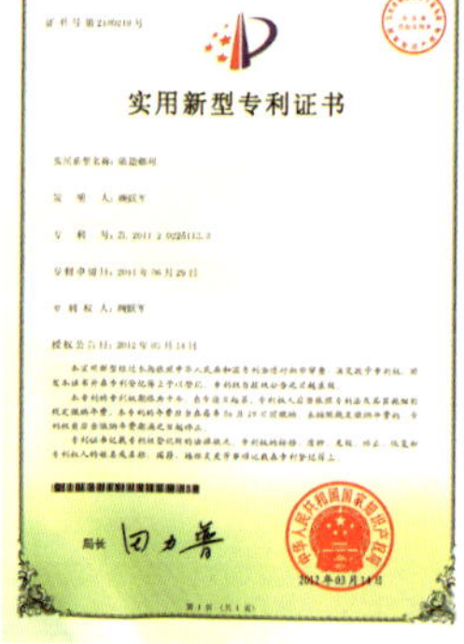
实用新型专利证书

局长

二、体制创新

实体经济是一个非常复杂的载体，涉及方方面面，我在内部完善上也花了不少心血。

(一)设备和技术革新——工业4.0，机器换人计划

以打仗为例，士兵在前线打仗，他们最需要的是什么？后勤部队支援！只有后勤部队支援，才能把敌人消灭，工厂也是如此。销售人员再强，没有一个完善的生产体系保障，怎么能完成订单交期和保证品质？我进入公司第二年着手改革，淘汰老设备，更换为全自动多功位高速冷镦机和高速搓牙机。生产能力和产品品质的提高吸引了很多大的采购商。经济越是不好，越是要投入，整体产能提高了，在激烈的市场竞争中就有了一席之地；自动化设备的运用，也减轻了员工的工作强度。

(二)管理团队

我们在每个重要环节均设置了重要人员，采用金字塔式的管理模式，分工明确，各司其职，提高工作效率。职能部门根据企业的发展不断完善。

(三)人才

1.技术人员培养策略

人才是一个企业高速发展的动力源，公司核心技术人员的年龄在35~45岁，工龄都在10年以上，专业水平高，研发能力强。我高薪聘请他们来跟我一起奋斗，他们都把公司当成自己的家，这点让我感到十分欣慰，我们是一个团队，这是公司能长期生存发展的重要因素。

2.业务人员培养策略

一个优秀的业务人员，一定是一个优秀的情报收集者，只有情报收集准确完整，作战方案才容易出台。所以对我们从事紧固件配套销售服务的人来讲，我们需要收集的客户信息基本如下：客户规模、成立时间、主营产品、产品内销还是外销、品质要求、包装要求、需求量、客户目标价、客户性质、购买原因、客户所属区域、客户现有供应商分布、采购决策人、交期、结款方式、客户潜力、产品的使用场合、产品需求清单和具体描述等。

不是所有的客户都是合适的客户，公司处于不同阶段其目标客户是不同的。一定

要清晰地知道自己的优势在哪里，跟客户是不是匹配？做到知己知彼，方能百战百胜。

三、高端模具研发中心——产业升级

2015 年是不平凡的一年，全球经济进入低谷期，市场竞争非常激烈，大家为了生存，没有任何利润的订单都在做，首先要把工人养活。同时，海盐紧固件市场受到河北紧固件、宁波紧固件、温州紧固件等市场挤压，生存非常困难，投入资本大，产出效益低。在这种情况下，我不走寻常路，选择制造高端领域、高难度、高要求、高附加值的产品，已经产生了比较高的销售效益。同时，为了满足高要求客户的需求，我们准备筹建一个高端模具研发中心，在标准件的基础上发展高端定制件，形成“研发+生产+销售”生态链，树立“联丰”品牌形象，为今后十年的发展做准备！

四、紧固件艺术——文化创意园

经过这几年的奋斗和努力，公司发展稳定。然而，再大的企业没有文化也是死路一条，所以我们一直在思考紧固件如何去做文化的问题。前几年看到每一个紧固件，都觉得它像一件艺术品，只是制作工艺不一样，当时也没有时间去深究。随着公司的稳定发展和血液中艺术因子的复苏，我萌生了想做一个紧固件艺术文化创意园的想法。把紧固件作为元素，通过艺术家的创意和创作呈现新的理念，提升整个产业链的文化价值，同时也能推动紧固件产业的二次开发，把品牌树立在大众面前。紧固件艺术还在思考和完善的阶段，相信在今后的某一天会呈现在大家面前！

没有品牌就没有生命力，没有文化就没有延续。“联丰”将不断地完善自我，树立行业口碑。

让“联丰”不断地开花结果，是我为之奋斗的人生目标。

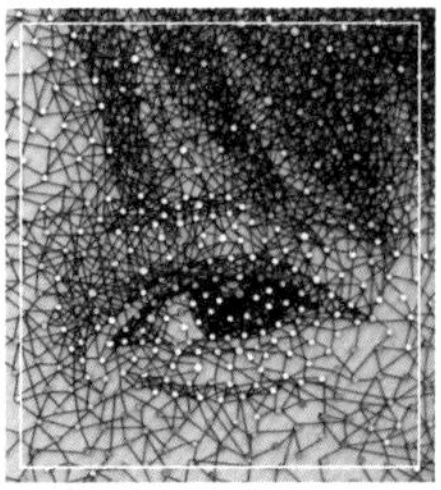

遇上顾跃军，螺丝钉也想跳舞

郑诗婷

他是画家?是设计师？是老师？还是商人?

他是顾跃军。

他是一心求学的小画家

一支铅笔，一块画板，一张洁白的画纸。午后温煦的阳光从窗户外面洒了进来，一个瘦小的男孩安静地坐在那里，注视着面前的桌椅，上面摆放着书籍、花瓶和水果，他只知道他要一笔一笔不停地画下去……眼前的一切仿佛有了第二次生命般，在画纸上渐渐地浮现出来。

这个安静瘦小的男孩，就是顾跃军。他来自浙江海盐，怀揣着做艺术家的梦想，他从六年级开始拜师学画，因为热爱，这一学就坚持了十几年。初三时，他的绘画水平已属同辈中的佼佼者，当时多所中专学校向他伸出了橄榄枝，都说以他的水平念完中专可以轻轻松松地被保送至浙师大。然而这个傲气的少年哪肯，他要上中国美院！于是他选择在嘉兴红波中学就读高中。高中三年他刻苦努力地学习，最终专业成绩和文化成绩总分荣获全省第二名，然而不巧的是，他的英语成绩差了 3 分，这让他与中国美院擦肩而过。

他是有青葱岁月的准设计师

优秀的人无论在哪里,都能开辟出一道风景。2003 年 9 月,他进入浙江大学,在城市学院攻读艺术设计学专业。那时这个才刚开设的专业设在新闻传播学科,来教课的都是浙大本部的老师。虽然只有一个班,20 几个学生,但其中排在全省前 100 名的就有 5 人,考场失意的才子佳人就这样汇聚在了一起。

顾跃军的大学四年没闲着,学习、比赛是他大学生活的主线。他对绘画的热爱也只增不减,这使他的专业成绩一直名列前茅,大学期间三次获得学业优秀奖学金。在专业竞赛中他也不甘示弱,他曾参与大大小小的各种设计比赛,获得第五届浙江省大学生多媒体作品设计竞赛二、三等奖,入围 oneshow 中国青年创意竞赛,入围第十五届时报广告金犊奖。当问及奖金多少时,他傻傻地笑了笑摇摇头说:“忘了,当时不在意这个。”

“小顾啊,要不要回家帮爸管管厂啊……”

顾爸爸的一个电话打来,让已经大四的他陷入沉思。在这个令人头疼的就业季里,留在杭州还是回家发展一直在他心里纠结不断。学艺术的待在大城市里发展准没错,何况父亲留给他的是一个完全跟艺术不搭边的紧固件小作坊。但他入学的那一年正值全国大学扩招,艺术类毕业生也是一抓一大把。海盐紧固件生产占了全球 30%的份额,具有很大的优势,有可能让自己站在一个更高的起点上。经过几番内心挣扎,他决定回家。

大四的毕业设计便围绕着这个小工厂展开了。他完成了属于自己工厂的 VI 系统设计,并为工厂设计了 logo、名片、便笺、彩旗等。拿他设计的 logo 来说,就寓意非凡。

“六角形是我们紧固件主打产品六角螺栓的基本形态,马车螺栓和半圆头螺栓也是我们生产的产品,所以就把这两者结合了,基于金属质感,就用了暗沉的蓝色,黄色的部分是为了突出螺栓中的牙纹。整个 logo 连起来看就像一个半圆头螺栓打入了一个物体，分解的形态就代表着物体被拧开了。”顾学长热情地跟我解释着。虽然当时还未深入接触商业的他对工厂的发展没有很周全的思考，但这在当时还没有什么品牌意识的传统紧固件行业里已经算具有超前眼光了。

他是自己创业的美术老师

2007年大学毕业后他回到了海盐，从基层工作做起，当一个普通的小职工，在包装车间打标签。就在不知道何去何从之际，2008年的金融危机席卷而来，行情变得异常扑朔迷离，家里的生意冷淡了不少。

这时一位高中老师和一名同学找到了他，想和他一起开一个绘画培训学校。想画画的冲动一直藏在他内心深处，正好家里的事暂且不忙，身兼两职应该是忙得过来的。说干就干，他另辟战场开始创业，与他们一起创办了嘉兴新希望培训学校。

高中老师忙于原学校教书，那位同学又比较懒散，于是整个学校的担子就压在了他一个人身上。他负责安排上课课程、组织学生出去写生、管理学校所有的资金支配，还要与各方打交道。

“这整个过程虽然比较辛苦，但是能做自己喜欢的事继续画画也挺好的，”顾跃军提到绘画眼睛就亮了，他笑着说，“这个过程也磨练了我不少，我一个人要跟领导、学生家长、老师和政府单位多方沟通，口才增进了不少，加上要管理学生和整个学校的大小事务，我的管理能力也在短时间内突飞猛进。同时提升了自己的洞察能力，我只要通过学生的言辞体态就知道他今天处于什么状态。”

2008年刚开校的时候，他们收了三十几个学生，上线率高达100%，一本类上线率有30%，有三个学生考上了中国美院。在这短短三个月的集训时间里，他就赚得了8万元的收入。他不禁调侃道，毕业第一年的收入就赚回了大学四年的学费呢！出色的成绩让培训学校名声大噪，第二年就有100多个学生入学，第三年就更多了。

但是，2010年出现了一个转折，他决定退出。那一年，他的宝贝儿子出生了，初为人父的他开始重新定位自己的人生。由于学校初办时营业执照难以申请，所以当时选择挂在别人名下，这意味着50%的收入要拱手让人，加上合作方面出现的一些问题，让他看不到这个学校的发展前景。是时候收手了，于是，他回到了他的小厂房。

他摸爬滚打遇上“互联网+”

2010年夏天，他正式进入工厂工作。那个夏天遇到台风来袭，在滂沱大雨里，顶着大风装货。皮肤黑了，人也瘦了。经过三个月的基层工作锻炼，他已经能够完全独立操作整个仓库的工作。

这样几乎一个人可以干完所有流水线工作，十几个人组成的小工厂出路到底在何方？他不禁思考起来。突然他想起大学时骆小欢老师在市场营销学课上说到，未来5~10年将是物流和电子商务发展最快的时代。是否能在互联网上开辟新的战场呢？

2011年他在阿里巴巴上注册了自己的账号，得益于自己的专业特长，他一个人完成了网站的摄影、排版、包装等所有美工工作，这在这一传统行业的老技工眼里简直是在瞎搞。不久，他就迎来互联网上的第一单，此单来自太平洋的斐济小岛国，这一单虽然仅有1万多元的利润，但是他第一次尝到了互联网的甜头。在接下去的4年里，他再接再厉，不断累积，到现在已经有了100多个客户，拥有8个旺旺账号和4个QQ账号。

谈起他的顾客累积，他不禁分享起自己的心得，他将其总结为“池塘效应”。“我先以比较低的价格吸引他们进我的池塘里，他们尝过我产品的甜头后会选择留下来，等我的池塘装不下这么多人了我就把出口关闭，再准备下钩，这时候价格可就是我说了算啦。”他眉飞色舞地谈了起来。能够保留这么大的客户群其实还得益于顾跃军助人为乐的好品质。如果顾客的要求自己暂时不能满足，他也会把顾客引荐到别的同行那里，这样一来双方都分外感激他。

这个行业比较辛苦，工作又是技术活，所以多由文化层次较低的技工出身的老板在管理。慢慢地，这一行也有人开始注意到并且加入互联网了，但人数依然屈指可数，起步早使他收获颇丰。

他是充满艺术细胞的商人

紧固件制造业毕竟还是一个低附加值的行业,如何在这样的环境里搏出位呢?盯着一枚六角螺栓他开始发呆了,恍惚间这颗螺栓长出了一个蘑菇头!他的艺术细胞竟与这颗螺栓发生化学反应了!他一惊,像变魔术般的"螺栓+艺术"正是产品的高附加值所在呀!加上之前尝到过互联网的甜头,他马上开始工厂改革。

在技术上,他引进自动化设备,将人员成本压到最低;同时,引入人才,进行高新技术和模具的研发。以最低的价格生产常规产品,以较高的价格定制有独特需求的产品。

在制作特需零件时,从基层工作到管理工作他事事都亲历亲为,跟踪整条流水线,想把最好的品质呈现给客户。然而模具的研发过程是异常艰辛的,一旦开始就需要较大的投入,而且还不一定成功。在研发第一套模具的时候,他和工人们连续10天在工厂里奋战,一遍遍地试错,经常熬到凌晨两三点才休息。然而,产品打样了三个月还没有出成果,第一次探索就这样失败了。那是一段非常艰难的时光,那时的他还不能很好地全面把控复杂问题,加上研发经验不足,失败与损失对他来说是家常便饭。

此外,在销售模式上他也进行了改革,用互联网的思维在PC端口和移动端口上做文章。在PC端口上,他选择将自己的网站嫁接在阿里巴巴等大平台上来降低网站建设的费用,充分利用平台的流量导入,而不是像别的公司自己建设网站;在移动端口上他尝试在微信上做文章。同时,他还打算建立自己的配套商,减掉所有中间环节,让利润最大化。

"我要让大家一想到螺栓就想到联丰!"他要开始打响联丰这个品牌了!2015年,他又投入了300万元进行生产设备的更新,实现联丰紧固件"制造、质造与智造"三者共同发展。

螺丝钉遇见他也想跳舞

"螺丝钉可以不再是一个冷冰冰的紧固件,它也是有温度的。"说着说着,他打开了公司的微信公众平台,点开了一张图片。

一颗微小的螺丝钉也有属于自己的体态和角色,它们可以坐着,可以站着,也可以趴着,它们也有自己的心情和生活。

随着公司的日益壮大,没有文化积淀必将死路一条。他血液中的艺术因子又沸腾着,他想做一个紧固件艺术文化创意园。“把紧固件作为元素,通过艺术家的创意和创作呈现新的理念,提升整个产业链的文化价值,把品牌树立在大众面前。”他对未来充满希望。

当其他同行幡然醒悟,认识到互联网的价值,从线下往线上跳时,他又回来做企业文化了。“这次我要把他们全部打趴下!”他的眼睛放射着激动的光芒。

做展会的时候,别人是把各类螺栓平铺陈列,他想做成螺栓的雕塑展;别人交换的是纸质名片,他可以做私人定制的冲压金属名片;送人的礼品就是个紧固件小雕塑,还能生产厂雕,万一城市建设也需要呢!一系列的奇思妙想化为产品的高附加值,顾老板设的局就要慢慢铺开啦。

“其实我最大的梦想,就是能在海盐建一个紧固件博物馆,”他表情真诚地说道,“这无关于能赚多少钱,是真的希望能够有幸参与它的建设。”

大概他没说出口的是,这还是他想成为艺术家的一个梦想。他是个商人,一个螺丝钉遇见他都想跳舞的商人。

【访谈手记】

顾跃军有一张方脸,黝黑的皮肤。他戴着一副眼镜,藏匿其中的是一双炯炯有神的小眼睛。他有一双略显粗糙的手,但看起来很结实。这让我想起了我的父亲,我的父亲是生产低压电器的,与紧固件制造这一行一样,都是老一辈人创下的传统产业,活也又脏又累。

学艺术的顾跃军愿意回家继承父业已经是一个令人意外的选择,难能可贵的是他并不像这行的其他接班人一样,只是盲目地接管家族的企业,而是有紧跟时代脚步的重新定位与思考。他早早地加入了互联网,还想在紧固件上延续艺术梦想。他是一个有情怀的商人。

因为对绘画的热爱,他坚持学习绘画10多年,大学里也读着自己喜欢的专业,毕业后又当校长又当老师,而且乐此不疲。能让一件事情贯穿自己的人生这么久,大概也只缘于这份执着的喜爱吧。

“三个人开学校做事的只有你,你不介意吗?”我问道。

“当时就是喜欢画画,而且我有精力,能多做点就多做点了。”他不以为然地说着。

他说,开学校的经历培养了他的口才、洞察力与管理能力。这一路的坚持,也让他的艺术细胞在血液里异常活跃。所以在跨行接手紧固件工厂时他没有被打回原形,前面积累的社会能力与管理能力让他很快承担起了一把手的工作。

“过去的经历是我现在的资本。”他这样总结自己。若没有曾经对艺术梦的追求,在产业设想上他又怎会如此与众不同呢?

做自己想做的事,认真地做好每一件事。每一个积淀的因子与故事,都将成为你日后独一无二的标志。

顾跃军

海盐联丰标准件有限公司

顾跃军，当年的艺考高材生，如今投身传统制造业，成为紧固件制造企业的掌舵人。

“老顾”，我这个当老师的也这么称呼他。仔细想来，“老”在哪里呢？也许是不同于一般艺术生的那份稳重与理性吧。他自己说：“机会留给有准备的人。”他在校学习期间，就和广告学专业的同学一起组队征战各种广告竞赛，也许对于市场的敏锐意识就是在那时萌芽的吧。毕业后，他放弃收入颇丰的艺术培训领域的工作，接手家族企业，同样也有冷静的思考与判断。80后的执着与进取创新，使得“联丰”这个传统制造企业在顾跃军的蓝图中多了几分新思维与前瞻性；血液中的艺术因子终也不离不弃，和文化创意嫁接出高附加值的竞争优势。

这何尝不是另一种创业呢？“螺丝钉也会跳舞”，“老顾”终究还是“老”顾。

（点评：骆小欢）

杭州无懈可击网络科技有限公司

执行董事

李强强

无懈可击

用创业致“另一种青春”

李强强

2009年刚刚入学的时候，我并不是一心只想创业，只是想在大学里找到自己的兴趣点，并且发展一些兴趣爱好，同时还要按照家人对我的要求，通过“立交桥”考试进入浙江大学本部。

在大一那年，我积极参加学生会、社团的工作，也不敢在学习上有所懈怠，积极准备“立交桥”考试。一年下来，“立交桥”考试最终败在英语上。值得欣慰的是，我原本比较腼腆的性格，却在学生会、公共关系协会的学生工作中得到锻炼，我变得健谈起来。于是我大学后三年规划朝着实践性和发展个人能力的方向发展。

2010年，那年我大二，担任了学院公共关系协会的会长，有了更多的机会介入学校的重大活动。协会曾协助在浙江大学城市学院举办2010年中华环保民间组织可持续发展年会，也独立负责过浙江省在杭高校首届公关文化节等公关系列活动。正值 PCHOME 全国分站渠道拓展之际，我通过努力成功当上了 PCHOME 杭州站的站长，运营网站半年之久。在此期间，我不断学习如何与客户打交道，如何建立人脉资源并维护关系，在实战中积累经验。

在 PCHOME 网站难以持续经营的时候，我面临着痛苦的抉择，要么放弃，要么重头再来，但这期间的创业经历让我明白，只有对一件事情长时间执着、坚持才会有所收获。创业这半年不仅为我增加了一些经历，而且让我明白创业就是我内心一直所追寻的方向，明白如何才能提升自己的价值，明白如何更好地去创造价值。最终，我准备重整旗鼓。在结识了上海商派网络科技有限公司的网络分销顾问后，我们开始共同筹划在电商服务领域的创业合作项目，并于 2011 年 10 月注册了杭州无懈可击网络科技有限公司。

公司针对的客户群是传统企业的企业主，无论是服饰、鞋帽、箱包还是小商品等领域，只要是急于转型升级并想开拓电商业务的都是我们的潜在客户。我们拿着公司服务过的客户案例资料去商贸城做推销，教会客户全网营销的思路，让他们意识到固守门前的一亩三分地是没有出路的。随着我们客户案例的增加，销售变成一件简单的事情，只要适当引导，客户就会找上门来合作。

虽然公司在开拓市场、销售这块业务开展得不错，然而在技术端一直比较欠缺。我们之前用市面上的电商软件来建站，然而网站的 bug 比较多，起初订单少的时候我们还处理得过来，而当我们帮客户网站做到 100 万以上的网上销售额的时候，网站的低效性就难以满足业务需求了。在浙江大学城市学院陈观林老师的技术指导下，我们对网站进行了重新开发升级，最终形成优质的 C2B 视角功能设计、自营 + 招商全支持和线上线下完美融合的电商系统。我们认为，C2B 是未来商业的主流，用户行为驱动了商业的变革，尤其是电子商务行业的变革。公司开发的商城系统应用到我们服务的客户当中，得到了成倍增长的销售数据，公司也因此被杭州市科学技术委员会评为杭州市“青蓝计划”企业。

经过两年时间的发展，公司形成了专业化、系统化的电商服务(代运营服务)模式，可以为客户提供建站、营销、销售等所有网上运营环节的服务，客户只要专注于生产高质量的产品和做好物流发货工作就可以了。由于公司的良好运作，在2013年的时候公司已经帮助数十家客户获得几百万元到上千万元的网上销售收入。

仔细回想自己的创业经历，我认为正是因为有了第一个练手的客户，公司的业务才能发展起来。于是我开始构想平台化创业。我想，如果能够整合各院校的创业团队和商二代带着家族企业的产品共同入驻平台，既解决了传统企业的转型问题，也解决了供应商的问题，还可以解决家族企业的接班问题。这个院校电商服务产业园的项目设想在之后和各院校的沟通过程中却无一获得通过，终究还是因为自己资历太浅，难以统筹多方资源，效率上很难达到预期要求。

2013年年底，公司的代运营业务也遭遇危机，运营一两年有起色后，厂家纷纷把电商的业务收回自己做，我们的合作客户相继离开。我们着手开展业务转型，和DMKL老板合作设立新公司，开展自营业务，相当于控制了从服装设计、生产、上架到营销、销售、售后的全商业链。我们一度做到了800万元的销售额，然而后劲不足，第二年业绩没有明显增加，未来的发展前景变得黯淡。

我自己进行了深刻的反省，小打小闹了这么些年，对于创业我还是资历尚浅，需要学习的更多。我也加入到一家旅游地产公司作为合伙人，跟着成熟的创业团队一起上路，努力提高自己的眼界，去经历真正的风口浪尖。

回想起来，如果没有在学校的工作历练，那时的我还克服不了自己性格腼腆的“问题”；尽管第一次创业没有开好头，但是它实实在在地让我走在了创业的道路上，让我知道自己内心真正想追寻的东西是什么，失败也让我更加清楚如何给自己定位。我坚信，我现在所经历的，肯定会在未来发挥巨大的作用，因此我不再迷茫，想到就认真去做。

最后，还是非常感谢学校的老师们，特别是传媒学院的老师们，你们对我的创业工作提供了太多的支持，教会我兼顾学业和创业。还有很多生命中的贵人，在我困难的时候给予援助，谢谢你们！未来或许还有很多变数等着我，但我会一直保持初心努力坚持下去。

李强强（中）在获得“最美大学生”荣誉称号颁奖现场

创业路上的行者

陈德慧

初见李强强是在星巴克，他并没有他的名字看起来那样强势显眼，简单朴素的打扮，低调谦虚的言语，正是这样的一个人，却选择在创业这条艰难的路上当一个踏实坚定的行者。行者，不是只顾埋头前行，更要善于发现选择路径。就像他的几次创业经历，从校园到社会，变的是创业的项目和模式，不变的是坚持创业的初心。

五顾“麦浪”，初显行者之风

在 2009 年进入浙江大学城市学院攻读会展经济与管理专业的时候，李强强还是一个瘦小腼腆，不善言辞与交际的内向学生。他有意锻炼自己的交际能力，因此，大一整整一年，在不松懈学业的基础上，他加入了传媒学院学生会的公关部。

初入公关部，腼腆的性格让他在这个需要与人打交道的部门里很不适应。刚开始的时候哪怕是电话沟通，他也要事先在纸上打好草稿然后照着念。在第一次去学校附近舟山东路的麦浪 KTV 拉赞助的时候，他在门口徘徊了许久，一遍遍地打着腹稿想着怎么对商家介绍自己的活动。后来他终于鼓起勇气进入 KTV 找前台工作人员说明来意，没想到前台工作人员只应付了几句就让他离开了。

冷漠拒绝并没有打倒他的决心，反而让他沉静下来仔细琢磨什么样的沟通才能让商家愿意听你说话。李强强从商家的角度出发,认真分析调研了KTV的顾客群和市场竞争的现状并修改了赞助策划,第二次去往麦浪KTV。这一次,他并不只是进行简单的介绍,而是和前台工作人员仔细分析学校附近的KTV市场及其经营现状,提出这样的赞助活动有利于在学生之间打响知名度,获得更大的顾客群体。这一次,有理有据的分析让之前冷淡的前台工作人员变得热情,在听完分析之后肯定了李强强的说法,让他留下联系方式等待答复。

这一句等待，没想到也变成了石沉大海。他发现前台工作人员并不是能拍板的人,与其让他们去和上级沟通,为什么不自己找老板呢？于是,他第三次前往麦浪,直接通过工作人员见到了KTV的负责人。虽然他还只是一个大一的学生,但他客观有理的分析还是得到了对方认可。他让李强强继续完善活动策划,希望活动和KTV的宣传结合得更加紧密。又经历了两次方案的修改,与商家沟通对接之后,五顾麦浪的李强强终于拿下了这个赞助合同。

行者之风,在于坚持,行无止境,不忘初心。他性格从腼腆到外向的转变为日后的创业提供了更多的可能,而他性情里的这份坚持与勇敢,也正是创业者必须具备的品质。

PCHOME站长,行者之路道阻且长

大二那年，李强强作为学院公共关系协会的负责人协助在浙江大学城市学院举办了2010年中华环保民间组织可持续发展年会，也独立负责过浙江省在杭高校首届公关文化节等公关系列活动。在这一系列活动中,他认识了第一个创业项目的“贵人”——PCHOME网站全国分站总监龚健。2011年4月,PCHOME全国分站渠道开放,由于在之前的沟通中李强强给龚健留下了极好的印象，因此龚健找他担任杭州分站的站长。

PCHOME是一个为读者提供IT和消费电子产品以及游戏娱乐方面资讯内容的社群化网站。全站设有数码、硬件、移动办公、手机、数字家电、软件、企业中心、游戏娱乐8大垂直频道,内容覆盖从低端到高端、从软硬件到游戏、从个人家庭应用到企业应用、从产品技术到科技生活的各类资讯。

李强强开始了他的第一个创业项目。他开始招募人员组建团队，跑数码城寻找入驻商家，更新网站内容，增加流量，寻找广告业务创收。那段时候他几乎投入了所有的空余时间经营网站，没课的时候就去数码城或者和团队一起工作。刚开始团队的创业热情都很高，在团队的努力下，第二个月就有了上千元的营业收入，第三个月到第四个月营业收入分别保持在 3 000 元到 4 000 元。有一句创业警句这样说道：对所有创业者来说，从创业的第一天起，你每天要面对的是困难和失败，而不是成功。创业之所以艰辛，因为这条路不知道什么时候就会出现障碍。在经营了半年多之后，李强强和他的团队发现项目的业绩停滞不前，尽管做了很多尝试仍没有改变这一现状。业绩的停滞让团队成员开始对这个项目丧失兴趣和信心而纷纷离开，到最后整个团队只剩下两个人，实际上，就是李强强一个人在孤军奋战。

第一个创业项目的失败让李强强明白了组建创业团队的重要性，也让他意识到创业者的责任——享受多大的成功，就得先准备好经受多大的挫折。创业行者之路，道阻且长，但挫折不会让行者停下前进的脚步。

瞄准电商服务，行者绽放风采

在担任 PCHOME 杭州站站长期间，李强强参加了许多电子商务论坛，接触到了这方面的圈内人士与相关知识。虽然 PCHOME 项目没有成功，但是行者的脚步没有停下。他与上海商派网络科技有限公司的网络分销顾问肖哲在这些论坛上熟识，并且在交流中发现彼此对电子商务领域的发展前景观点契合，就一起筹划在电商服务领域的创业项目，并且在2011年10月注册了杭州无懈可击网络科技有限公司。

那个时期，许多传统企业还是只注重线下销售，还未向电商转型。李强强正是瞄准了这一商机，公司帮助传统企业做电商化转型，做好线上平台的代运营，帮助客户将他们的“好产品”变成线上的“热销品”。

有了好的创业项目，那么客户去哪里寻找呢？李强强将目标瞄向了四季青服装批发市场。有了之前积累的跟商家打交道的经验，这一次他与商家的“过招”显得成熟老练。他通过门店的堆货量来判断商家的经销量，特地将目标选在了经销量较大但未开展网上业务的商家。在与商家的沟通中，他抓住他们想提高业绩的心理，分析传统实体店的经营困境和电商平台的发展前景。行者，走的路多了，便知道哪条是鲜花遍地的阳光大道，哪条是充满荆棘的羊肠小路。以往的经历变成了现在的财富，很快李强强就和吉尚衣魅的老板达成了合作协定。这个客户，以前线下年销售额35万元，通过合作，新增线上销售额115万元，第二年线上营业额增长到了500万元。李强强的公司开始盈利，正式员工已有8人，还有10多名兼职实习生，陆续帮助服饰、箱包、小商品等领域的数十家客户实现了销售额的大幅突破。凭借这个项目，李强强当选了2012年的杭州市十佳大学生创业之星。

厚积薄发，行者之行永无止境

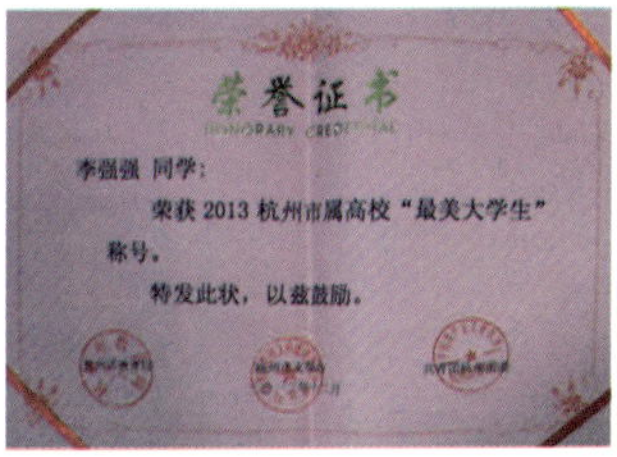

然而，在2013年年底，公司的代运营业务出现危机。电商发展的大好前景让传统实体商家不再满足于第三方的介入，厂家纷纷终止合作，自己去运营线上销售，公司的客户流失严重。这个时候，李强强积极寻求公司转型，从代运营业务模式转变为自营模式，但是经过一年半的试验，自营业务并没有取得太大的成功，公司未来的发展前景黯淡。

李强强发现自己在创业这条路上资历尚浅，眼界和格局都不够开阔,很难将公司带到更高的位置上。于是,他辞去公司总经理的职务,只担任公司股东,并以合伙人的身份加入一家旅游地产公司。工作上的调整,对他来说既是一次全新的挑战,也是一次宝贵的学习机会。跟着有丰富经验的创业团队工作,相信他能从中取长补短,看到另一番天地。

所谓行者无疆,无疆的不只是路,更是心。李强强一直在创业的路上前进,每一次的经历都是开拓新境界的钥匙。创业的风险虽大,但是勇者无畏,行无止境。

【访谈手记】

想到"行者"这个词,是因为在聊天的过程中觉得李强强一直在创业这条路上踏实地前进。一直都知道创业是一件很辛苦的事,可是作为局外人,我们看到的都是创业者成功后的光辉。就像冰心的诗中说的那样:"成功的花,人们只惊慕她现时的明艳。然而当初它的芽儿,浸透了奋斗的泪泉,洒遍了牺牲的血雨。"

在创业项目的运作中,李强强经历过成功的喜悦,也承受过失败的压力。创业者,亦是行者。走在这条艰难的创业路上,且行且珍惜,且难且前进。就像李强强自己说的那样:"我还年轻,还有更多的以后在等我去经历。"

李强强

杭州无懈可击网络科技有限公司

如果说大学是年轻创业者筑梦的摇篮，那么，浙江大学城市学院就是李强强开垦创业梦的处女地。可以这么说：如果没有大学时代各种学生社会活动的捶打，没有大学时代各种挫折的磨练，或许今天的李强强也只是众多普通年轻人中的一员，朝九晚五，两点一线，守着小家，等等。幸运的是，他敢于面对，善于抓住机会，不放弃，不言败。在需要选择时，不犹豫；在需要思变时，不停滞。他在艰辛创业路上，做了一个踏实坚定的践行者。无论是PCHOME的运营，还是杭州无懈可击网络科技有限公司的创办，都可以看到他作为一个年轻创业人一步一个脚印踏实前行的轨迹。在为商人们创造物质财富的同时，他收获更多的是精神财富，一份一辈子都可以回味的精神财富。

（点评：张兰欣）

杭州学长网络科技有限公司

CEO

张　越

中国好学长™

创业是一场
全情投入的冒险

张　越

这个叫作“中国好学长”的订阅号，诞生于2012年9月13日，几年来共推送文章493篇，另推送语音消息80条，图片793张(包括图文消息中的配图)，纯文字消息58条。到今天为止，接收学弟学妹们的留言、提问、求助等消息共38 000余条，主办过线下活动10次，活动直接参与人数共计1 500余人。

当然，以上这些工作不是一个人完成的，是一批又一批的学长学姐努力经营的结果，但由于微信订阅号的后台是通过电脑来操作的，因此，文章的推送、微信上问题的解答等一段时间内只能由一个人来完成。由于“好学长”拥有与生俱来的被代入感以及独特的类人格魅力，再加上和大家互动的时候多使用第一人称，所以每一个操作它的人，只要持续几天时间，就会有一种和“好学长”合为一体的感觉。而正是这种感觉，使每一个操作过它的人，都会对“好学长”和他的粉丝产生强烈的感情。

刚开始时，没有什么人关注我们，如刚开始推出问答微博时，没有人知道我们，更没有人向我们提问，于是我们采取一个人注册无数个“马甲”的办法，由“马甲”来冒充提问者，为的是向发现我们的人展示我们很万能。

当时没有所谓的互联网思维概念，也没有“互联网+”的浪潮，就简单地做觉得值得做的事情。突然有一天，一代又一代的关于“互联网+”的解释出来了，我们才发现，自己在做最互联网思维的事儿。我们就想着能不能做一些不一样的事情。

最早的时候，由小马学姐一个人从早到晚地回答来自学弟学妹的提问，后来，因为家庭原因，她回了广东。小马回广东之后，便一直是小强管着“好学长”。这段时间好像持续了很久，久到当我某天去看“好学长”很久以前的文章，看到小强变身第一人称时说的那些感悟、随想，觉得仿佛“好学长”就是穿上超人服的他一般。再后来接管“好学长”的是大家都知道的老王，在他出国继续深造后，微信公众号落到了我的手上，我知道一个人是没办法把我们想要做的“不一样的事情”完成的。

以前参加校园活动的经历，为我积攒了一些人脉。我找来了之前法学院的学生会主席徐诗豪，信诺传播校企合作平台的主席徐蕾蕾，我的学弟赵楚峰、吴迪，我们共同开始了一些尝试。

因为我们经常要组织一些线下活动，在2013—2014年的跨年前夕，我们去找适合举办跨年活动的场地，找来找去找不到合适的地儿，我和徐诗豪一起商议着，索性咱们自己开一家咖啡店。

雷军说自己是风口上的猪，站在风口上，猪也能飞起来。众筹的概念突然在2014年被国内投资界发起，我们想，要不开一家众筹咖啡店，和我们共存了那么久的那么多粉丝共同开一家属于我们自己的咖啡店。刚开始，我们想测试一下，因为不确定是不是有那么多人愿意参与到其中，但当我们把文章发出去以后，我们被振奋了，我们确信一定可以成功。两天时间就收到了100多万元的投资意向，经过筛选，我们筹到了50多万元，一下子觉得，大家的梦想都能落地了。其间，我们就一些法律上的问题请教了法学院的胡斌老师，结合我们长期积累下来的经验，我、徐诗豪、赵楚峰三个人，共同在5月把咖啡店开了起来。众筹其实不单单关乎筹钱，我们走了不少弯路，也总结出了一些经验。众筹的核心是人，以项目为基础集成的社群，才是众筹真正的意义。单纯为了筹集资金，我们可以通过贷款、融资等其他途径完成，经营这种相对资金规模较小的店，采用众筹的方式，不仅可以解决资金问题，还可以圈住一批有共同爱好、共同追求的人，共同维护我们所经营的项目。

我们走到今天，当然想追求更大的发展。我们也在尝试探索更多的发展路径，来服务于现在的大学生。接下来，我们可能会提供从高考结束到大学毕业时段的大学生服务，内容涵盖对接志愿填报资源、提供教育领域内的内容服务等。希望我们有个好的未来。

当然，还有现在的“好学长”家族，太多太多人，一回想就根本停不下来，他们每一个人，投注的每一分情感，于我，于“好学长”来说，都是那么的弥足珍贵。

这个学长有点忙

应　悦　许思哲

“vv小怪物：@中国好学长，我刚进大学，有什么好的社团推荐啊？感觉我有好多社团都想加入，但又想好好学习，好纠结啊！”

“西瓜团子：大四狗一只，想要找一个合租的人一起在实习单位边上租间房，@中国好学长求扩散。”

“海豚酱：有没有什么好的留学机构推荐啊?！@中国好学长，没有想好到底是留学还是考研，好学长求给建议！”

…………

我打开微博一搜索“中国好学长”，就跳出了一大长串的求助信息，涉及面之广让我有些瞠目结舌，从专业选择到确定未来方向，从日常护肤到吃穿住行，“中国好学长”到底是怎样一个人，能如此神通广大、无所不知。

他叫张越，他是“中国好学长”。

他是浙江大学城市学院广告学系2015届的毕业生。

青春进行时

他个子高高的，戴着一副黑框眼镜，穿着白衬衫黑夹克，背着双肩包，初见面时就和学校里普通的学长没什么两样。他熟门熟路地找了个校园的空地开始和我聊天，他显得很放松，像回到了自己的主场。

“我走的时候什么样这里还是什么样，总感觉自己还没有离开学校，早晨一醒来还会赶到文二上课。”张越笑得有些腼腆，“我也不知道有什么好说的，但我会把我知道的尽量都告诉你。”他认真承诺的样子，和我想象中“中国好学长”的样子慢慢重合在一起，好学长也许就应该是这个样子吧，干干净净的，像个邻家大哥哥。

“你是传媒的学生吗？”他问道。

“是啊。”我有些不解地看着他。

“真的都是回忆呢。”他推了推眼镜，“刚刚楼下那个‘小橙哥’的娃娃，还是我组织设计的呢。”

“真的吗？当初怎么会想到设计出这个？”

“其实我是一个特别有品牌情结的人，你知道品牌情结吗？其实品牌是一个特别有用的东西，一旦把一样东西赋予品牌，它被人认可和接受的程度就提高了。”他清了清嗓子，“2013—2014年的时候我担任传媒分院的学生会主席。那时候的城院，所有分院感觉都是一样的，只是大家学的专业不同，同学提起传媒，就觉得‘传媒啊，就是搞文字工作的人啊’，然后就没有然后了。可是我觉得不应该是这样啊，每个分院都有它独有的特点和魅力，传媒分院应该有它自己的意义。当时我就想，我应该做点什么，让传媒有一个符号，形成一个品牌。让大家想起传媒的时候，不再想不起什么。”

“所以你就想到了传媒橙吗？”

“怎么样，不错吧？我当初想了好久呢。其实做传媒特别需要毅力和活力，传媒人就像不知疲倦的小太阳。传媒最不缺的就是激情澎湃、热血沸腾的学弟学妹，这些个专业啊，最需要的就是青春热血、怀揣理想的年轻人。橙色满足一切传媒人应该有的品质。我记得特别清楚，那天晚上我在床上想了好久，突然脑海中冒出橙色这个颜色，就再也挥之不去了。”回忆起这件事，张越眉眼间有些神采飞扬。

“现在每次迎新、纳新的时候都会看到一大片橙色，橙色的衣服、橙色的横幅，一看就知道是传媒分院的，还有人和我说过传媒分院每次活动都举办得特别隆重，像橙色海洋一样。”他高兴的样子，看得出他是真的热爱他的专业。

“每年迎新，都会有人拍了图在微博上@我，传媒橙就像我的孩子一样。”他顿了顿，“其实这和我运行‘中国好学长’是一样的，我想要创造一个独一无二的品牌。传媒橙的成功给了我很大的鼓励，让我觉得我可以把‘中国好学长’坚持下去。”

成长进行时

浙江大学城市学院南校区的南门口，有一家非常特别的咖啡厅。有个女孩坐在咖啡厅里，旁边围着十几个男生女生。她坐着，笑着，述说着，聆听着。她是七笑，这个微博上的旅行达人，正手捧着咖啡和同学们一起分享她徒步旅行墨脱和新疆的故事。虽然人不多，但是大家都兴致勃勃地互相交流着，不见手机的踪影。

她们所在的咖啡厅，就是那个叫作“中国好学长”的咖啡厅，那个有点特殊的咖啡厅。

“我从小就一直想开个咖啡厅，也是通过‘中国好学长’的自媒体平台认识到了有这么多和我有共同梦想的人。其实你别小看一家咖啡厅的经营，光是前期准备就足够头大了。”张越清了清嗓子道，“首先是资金，别看只是一家咖啡厅，对我们这种刚刚毕业的大学生来说，还是远远超出了我们的预算。不过好在我遇到了这么一群有共同梦想的人。通过公共信息平台，我找到了67个股东和我一起众筹，才开了这家咖啡厅。大部分都是我的粉丝啦，其中1/3是在校大学生。”他自信地说：“这是杭州第一家大学生众筹的咖啡厅呢，我们一定可以越办越好的。”

“你们经常举办讲座吗？”我指着手机上的各种活动图片问道。

“是经常举办活动，但也不能完全称之为讲座，更多的是交流会吧。”他顿了顿，“既然用了‘中国好学长’这个名字，当然要当之无愧，‘中国好学长’是以能帮助到学弟学妹为宗旨的，这家咖啡厅自然也要做一些事情。现在很多学校举办的交流分享会往往都不够纯粹，这你应该也知道吧？”

“是啊，交流会结束以后要是不收到几个广告电话我都觉得不真实。”我无奈地笑笑。

“所以啊，我们就想要办一些专门的交流会，纯交流不推销，不需要太多人，能帮助到真正需要的人就好。所以我们的交流会针对性都非常强，每次来二三十个人，每个人都能得到自己想要的讯息。我觉得这才是精华。”

“是啊，不用参加自己不想参加的讲座多幸福啊！”

“哈哈，很多大学生有和你一样的烦恼，经常会在我的咖啡厅和我抱怨。”张越听到这句调侃不禁笑开了，“之前‘好学长’咖啡厅请了思美传媒首席CIO（首席信息官）来做了场交流会，讲座完了以后有几个同学就在那里嘀咕：‘要是学校也请这个老师来做交流就好了，多有趣啊。’结果被我听到了。”张越耸了耸肩，笑道。

张越和我说，咖啡厅之前还请了德信地产总裁助理来做过关于互联网和房地产的一场交流会，很成功，让来的同学都能若有所思地回去。他觉得“中国好学长”就应该是能将“好学长”带给同学并帮助落实到三次元的一次挑战。

他说，之后还会举办一次格瓦拉浙江负责人和同学的交流会，感兴趣的同学一定不要错过这个机会。

言语间都是满满的热心，似乎从没有忘记过他的初衷。

坚持进行时

被问到创业过程中最自豪的事情是什么时，他脱口而出：“当然是‘中国好学长’这个自媒体平台啊！”

张越告诉我，他大一的时候结识了大四的一个学长，并从他手中接过了“中国好学长”这个平台。“我有一种使命感，我一定要把这个做下去。”张越说，“其实我大一就想要自己创业，那时候想做实体创业，后来开始了互联网的创业大潮，我碰到了这个机会，就想着一定要把它做好。”

“可是为什么是‘中国好学长’呢？”

“其实不知道你有没有感觉，很多人在刚上大学的时候都是迷茫的，有很多从来没有遇到过的问题，从来没有遇到过的人和事，可是没有人能帮他们解决。老师吗？老师不会管你吃穿住行；家长吗？家长不了解学校，鞭长莫及；你说同学，同学指不定比你还要迷糊呢。这时候我们需要有个人能帮助学弟学妹们解决问题。这种“解决”是指陪你从诗词歌赋谈到人生理想，从吃穿住行谈到未来规划。这是一个所有大学生都需要的人，并且迫切需要。”张越双手交叉，开始向我侃侃而谈。

“一开始的时候，我们只有微信公众平台，可是当时我就知道，那只会是我的一个起点。我在努力让它壮大起来，我们的微信平台现在已经有了3万多粉丝，帮助范围已经不限于在校的一些生活问题，更涉及了线下旅游和大牌交流等方面。我们还开通了微博，我希望它在服务于大学生之后，还可以有它自己擅长的具体的垂直领域。”

“所以你是一直按照你制定的人生轨迹在走吗？好像一直都是顺风顺水的吧？”

“人生哪会总是顺风顺水的呢！我遇到的挫折多着呢。”他笑了笑，揉了揉眼角，“我很幸运，在大学的时候遇到了很好的室友，我们志趣相投，价值观和理想都很合得来，我那时候就想，我一定会和我的好哥们好同学一起创业，我们也约定好一起努力。可是大三大四交界的暑假，我的室友突然告诉我，他要出国了，这和我们约定好的不一样啊！不得不说我当时受到很大的打击，我完全不知道我应该怎么继续我的梦想，仿佛一切都和当初设定的不一样了。”

张越叹了口气，继续道：“不过也算因祸得福吧，我冷静下来以后就开始搜寻身边合适的合伙人。找合伙人的时候，双方都要事先协商好出现问题以后的解决方案，这样才能做到买卖不成仁义在。慢慢地，我们就从两个人到三个人再到现在，缺什么人就找什么人，从技术到管理，为每个岗位都找到合适的人。

“可是做着做着我发现我变得没有这么坚定了，我经历过一段特别迷茫的时期，因为我发现，我做的事情，包括‘中国好学长’这个平台，始终没有一个明确的方向。我们总是在帮忙解决一些很杂七杂八的事情，虽然也有很多很成功的案例，就像我们组织了一次千人徒步旅行，这可是史无前例的；就像我们组织免费帮大学生拿快递。大家可以说出很多很多我们做过的事情，可是当别人问起‘中国好学长’到底是干什么的，我们居然没有办法回答，因为我们做得不够专注，我们只有广度却做得不深。这个问题让天使投资人都不敢选择我们。”

“那么现在问题解决了吗？”

“差不多解决了，现在我们决定加强技能上的分享，这意味着从你高考结束后就可以投入‘中国好学长’的怀抱了，不仅高考填志愿的时候‘好学长’可以帮助你，在考研继续深造的时候‘好学长’也可以给你提出建议，毕竟一些专家的话比你凭空想象要可靠得多。”他用手指敲了敲桌子，“还有就是，当初把众筹咖啡厅建成的时候真的超级感动，充满了成就感。说实话，之前我的压力是很大的，不仅是钱的问题，我觉得我背负着的是67个人的梦想。所以当我真的办到的时候，这种激动真的是无法用言语形容的。”

将来进行时

谈起对创业的一些感想和建议时，张越双手交叉抵住下巴，沉思了一会儿道：“只能说创业这种东西要早做准备吧。其实这也不光是创业，可以说是对未来的规划吧。大学生进入大学对学校有了一定的了解以后，就可以开始考虑自己以后应该做什么了。任何东西都是一点一点积累下来的。

“就像有些同学刚进大学的时候会去做旅游代理，也许一开始他不赚钱，甚至后来他也不会赚很多钱，但是在这个过程中他会慢慢熟悉代理的流程，然后开始针对他的客户群体展开不同活动，再及时地和商家联系。他会获得什么？钱吗？也许有一点，可是我觉得最宝贵的是他了解了商业代理的流程，学会一些商业技巧，因此在之后选择职业或者就业时，他就会有一个方向以及别人没有的经验和技巧。这一切都源于一开始他做的决定。”

说着，张越又清了清嗓子：“还有一点很关键，就是不要太容易受他人左右。这点非常重要！的确，了解周围发生了什么很必要，可是千万不要什么都随大流！你越急着改变，就越无法把握现实。你知道吗，创业这件事，不是一件能随机应变的事，它最需要的是坚持。一旦做出决定，就要为它付出你一生的努力。所以创业在坚持，而不在于随大流。”

“有想法的话，就去创业吧！”他说。

【访谈手记】

刚接到采访任务的时候,我就觉得这应该是最贴近我们生活的一位学长了。他背着双肩包走到我面前,我觉得他就像还没有毕业,是还在校园中走着走着就能碰到的学长一样。

采访前,我们很担心和学长的沟通问题,所以提前做了很多的功课,关注了"中国好学长"的微博和微信公众号。在新媒体平台上,我看到很多很多和我们一样的学生毫无芥蒂地喊着好学长、好学长。"他可是我们的直系学长啊,有什么好紧张的?"见到张越的时候,也觉得他完全没有架子,是以一个同龄人的身份在和我们交谈,没有代沟,交流起来很轻松。我们把现在学校的一些活动和现状告诉他,他把自己的一些故事和经历说给我们听。

这种采访状态非常舒服。

张 越

杭州学长网络科技有限公司

“中国好学长”代表的是一个创业群体，一个创业现象。如果说创业是一场全情投入的冒险，那全情投入之后，就会有执着的动力，坚韧的毅力，就会勇敢地去面对创业道路中的不确定性，最后取得创业道路上的风光无限。通过张越创业的过程，我看到了他及其团队的成长，他们青春洋溢，意志坚韧，充满情怀，他们是具有互联网思维的一代新人，懂得合伙人在创业中的核心地位，懂得以项目为基础集成社群，如春芽推开压石，如小草一夜寸长。虽然现在他们还在路上，但我已经看到前面硕果累累……

（点评：张健康）